安楽の門

安楽の門

大川周明 著

凡　例

一、本書は昭和二十六（一九五一）年刊行の大川周明著『安楽の門』（出雲書房）を底本とし版を新たに組んだものである。底本の記述をそのままに保存し後代に継承することをむねとして、左記のような方針で印刷した。

一、仮名遣いは誤ったものも含めすべて元本のままとし、漢字は現行の字体で表記した。片仮名語で拗音促音の小文字表記がされている場合があるが、これも元本そのままに表記したものである。つまり本書の記述は、送り仮名の不統一、誤植などを含め、漢字の字体以外はすべて原本の通りになっている。また、引用部分の字下げのありなしも元本に従った。目次のみは本文と齟齬のある場合、本文にあわせて訂正した。

一、文字の右側の読み仮名ルビは元本にあるものであり、いらずもがなと言えるものもそのまま全て再現した。文字の左側の読み仮名ルビは本書刊行所が補ったものである。元本の読み仮名ルビが明らかに間違っている場合（仮名遣いを除く）の訂正は、左側に正しいものを補って示した。

一、誤りであるが特に訂正せずともわかるものについては「（ママ）」とルビ書きした。前述のように、誤った仮名遣いも元本のままに表記してあるが、これには一々「（ママ）」とルビ書きはしていない。

一、行内に二行割で補った註釈や読み仮名や誤植の指摘などは本書刊行所によるものである。ただし二七二ページのサイズの大きい二行割註釈は元本にあるものである。

序

『安楽の門』とは宗教のことである。この小著は私の宗教的生活の回顧であり、その執筆の由来は下の通りである。

一昨年の夏、友人島一郎君が『世界春秋』といふ月刊雑誌を創《はじ》め、私にも寄稿を求めて来た。私は友人としての義理を果たすために島君の求めに応じた。そして偶々《たまたま》宗教問題について深い関心を抱いて居た時だつたので、物ごころついてからの私の宗教的経験を回想しながら、出来るだけ具体的に私の宗教観を表白しようと思ひ立ち、十回前後に亘つて毎月連載するつもりで、まづ全体の序言にも当る三回分を一気に書き上げた。そして初めの二回分だけは雑誌に発表されたが、戦後に簇出《そうしゆつ》した諸雑誌の例に洩れず、島君の『世界春秋』も半年ならずして廃刊となつたので、自然私もまた筆を抛《なげう》つことになつた。

然るに私が裁判から釈放されて帰村して以来、私の顔さへ見れば個人雑誌を出せの、何か本を書けのと強請し続けて止まなかつた福永重勝君が、今度は『安楽の門』の続稿を際限なく催促し初めた。私は幾たびか之を断はつたが、ついに福永君の根気に打負かされ、どうせ書き出したことであれば、とにかく纏《まと》めて見ることにしようといふ気になつた。そして気の向くに任せて稿を続け、想ひ起すまま、念頭に浮び来るまま、長い蹬《とう》蹭《そう》（足場を失ってよろめくさま。勢いを失ってさまようさま）の跡を辿つて、思ふがままに道草を食ひながら、十二章まで書いて一応の段落をつけた。かやうにして此の小著は、友人への義理から書き初め、友人の懇情にほだされて書き終へたので、回顧録とも随想録ともつかぬ閑《かん》文字である。

大川周明

昭和二十六年六月

安楽の門　**目次**

一二　不可思議なる安楽の門　259

非宗教的人文要素　宗教とは人間が有難い生命の本質に復ること　人の子の自然の感応　小児のような従順　法性法身とは信心そのもの　宗教とは無限の生命に連ること

安楽の門

一　人間は獄中でも安楽に暮らせる

人間は何《ど》うすれば安楽に暮らせるか。私はこの問題に答へようとするのである。いや、幸福に暮らせるというよりは、安楽に暮らせると言つた方がよい。それは幸福という言葉の意味が漠然《ばくぜん》として捉《とら》へ難いからである。世間一般では、幸福とは期待が実現され、欲求が満足された時の状態を指して居る。従つて幸福は殆《ほとん》ど快楽と同義語《どうぎご》となる。現にジョン・スチュアート・ミルは、幸福とは快楽即ち苦痛を感じないこと、不幸とは苦痛即ち快楽を感じないことだと言つて居る。して見れば、男女飲食の欲を満たすのも幸福、名誉権力の欲を満たすのも幸福、画家が会心《くわいしん》の絵を描《か》くのも幸福で、各人の欲求が異なるに従ひ、其人の感ずる快楽即ち幸福も、また自《おのづか》ら違つて来《く》る。

もつとも昔のギリシヤでは、幸福と快楽とは別々の言葉であつた。アリストテレスは、幸福とは人間がその最も秀でた性質に従つて、凡《すべ》ての機能《きのう》を存分に活動させることだと説いて居る。そしてアリストテレスに従へば、人間の最も秀でた性質とは理性のことであるから、幸福とは理性に従つて人間の機能を活動させることで、詮《せん》ずるところ心身の健全な生活そのものを指して居るのだから、快楽又は快感とは区別せらるべきものである。それでもアリストテレスは、富貴・栄達・子孫繁昌などは、設《たと》ひ真の幸福ではないとしても、その装飾であると言つて居る。

いま私が解《と》こうとする問題は、人間は何《ど》うすればその欲求を満足させることが出来るか、富貴になりたい人は何《ど》うすれば富貴になれるか、子孫繁昌を望む人は何《ど》うすれば立派な子供を生むことが出来るかといふやうなことではない。第一私自身が、富貴栄達《ふうきえいたつ》や子孫繁昌などとは凡《およ》そ縁遠い人間であるから、その私が立身出世の道を説いても、恐らく耳を傾ける人はなからう。若《も》しまた私が立身出世の道をわきまへて居たなら、之を他人に伝授《でんじゆ》する前に、まづ自分自身で之を実地に応用し、まんまと黄金と権力を両手に握つて、世間から羨《うらや》まれたり憎まれたりして居ることであらう。私は遅れ馳《ば》せに新興宗教の教祖たちの仲間入りをして、謂《い》はば御利益《ごりやく》の店開きをしようといふのでない。私が答へようとするのは、人間が貧富貴賤を問はず、短命長寿《たんめいちやうじゆ》を問はず、順境逆境《じゆんきやうぎやくきやう》を問はず、何《ど》うすれば安楽に暮らせるかといふことである。私は自分自身の生涯を顧みて、甚《はなは》だ安楽に暮らして来たことを欣《よろこ》ぶ。私の永年の行路は、必ずしも平坦《へいたん》砥《と》の如きものであつたとは言へない。それにも拘《かかは》らず私は、常に心の底に安んずるところあつたために、無事長程《ちやうてい》を踏破《たうは》して、今日なほ安楽に歩み続けて居る。私は、何が私にこの安楽を与へたかを省《かへり》みながら、ひとり私のみならず、人間は何《ど》うすれば安楽に暮らせるかを知らうとするのである。

さて世の中で一番つらいものは貧《ひん》と病《やまひ》と言はれて居る。私は切実に貧苦に悩んだことがないから、貧乏の本当の辛《つ》らさは知らない。但し貧乏とは衣食住の欠乏を指すものとすれば、刑務所で柿色の着物を着て、狭い部屋で三度々々まづい食物で暮したことがあるから、貧乏に彷彿《ほうふつ》した味を知らぬわけでもない。併《しか》し之は貧苦の真実の経験ではなく、謂《い》はば模擬《もぎ》経験《けいけん》である。但し私も病気は人並に経験して来た。元来私の体格は、身長《しんちやう》だけが抜群に高いだけで、骨組は極めて粗末であるから、之を建物に譬《たと》へて言へば紛《まぎ》れもなく長屋普請《ながやぶしん》である。それ故に肺結核を初めとし、産科婦人科以外の病気には殆《ほとん》ど罹らぬものがない。しまいには世間周知《しうち》のやうに精神病までわづらつて、アメリカ病院・東大病院・松沢病院を転々した。東大病院の精神病科の私の主治医は、或る雑誌に私の脳《なう》細胞《さいばう》が尽《ことごと》く破壊し去られたかのやうに発表して居る。これは私の精神病が決して治《なほ》らぬものと確信したからのことであらう。若《も》し私が再び尋常の人間に復《かへ》り得ると思つて居たら、あのやうな発表は慎《つつし》んだに相違ない。之を読んだ人々は、もはや私は生ける屍《しかばね》となりはてたものと信じたであらう。然るに私の肺結核が、何の養生もせず、全く薬を服《の》まずに何時《いつ》の間にか愈《なほ》つたやうに、私の精神病も知らぬ間に治《なほ》つて了つた。脳細胞が破壊されたと診断され、精神病院に癈人《はいじん》として監禁されて居る間に、私は極めて難解な回《くわい》教《けう》の経典古蘭《きやうてんこうらん》の飜訳を、松沢病院の病棟内で完了した。松沢病院の医師諸君の中には、私が朝から晩まで机に向つて、せつせと筆を運んで居るのを見、また午前一回、午後一回、寒暑を厭《いと》はぬ判で捺《お》したやうな私の散歩を見、読書・執筆・散歩の外に何の屈託もなさそうな私を見て、恐らく之は病気がさせる器械的行動だと考へた人もあつたであらう。かやうに私は病気の方では人並又は人並以上の経験がある。従つて病気による生理的苦痛は味はつたが、精神的不安や煩悶《はんもん》が之に伴はなかつた。

私は貧苦の生活経験がない代りに、三度刑務所に入つた。最初は未決で市ケ谷《いちがや》刑務所に一年有余、二度目は既決囚《きけつしう》として豊多摩《とよたま》に一年半余、三度目は巣鴨に約半年である。

先頃私は河上博士の自叙伝（河上肇著『自叙伝』）を読んだが、この正直な老学者は、実に感傷的な筆致《ひっち》で下獄の経緯（下獄と経緯にルビがあるが判読不能）や獄中の生活を述べて居る。あのころ共産党に入党して地下運動に加はる以上、罷《まか》り間違へば刑務所行きは当然のことで、博士にも最初から其位の覚悟はあつたことと思はれるが、自叙伝を読んで見ると、下獄《げごく》は博士が全く思ひがけなかつた災難であつたかのやうに、いかにも悲壮な感情が随処《ずいしょ》ににじみ出て居る。此事は自分の経験と照らし合せて私にはやや意外に思はれた。私は其他二三《にさん》の人々の獄中記を読んだが、いづれも私が味《あじは》はなかつた憤慨《ふんがい》や感傷が全篇に満ちて居る。尤《もつと》も河上博士の自叙伝の外は、みな私より遥に年少の人々の獄中記である。二十代と四十代とでは、人間の感情の迸《ほとばし》る対象も違ひ、従つてその種類も強弱も違ふ筈《はず》である。私は五十歳に近くなつての入獄であるから、下獄《げごく》に際しても、また獄中に於ても、二十代の人々のやうに異常に激しい憤激《ふんげき》や悲嘆を感じなかつた。

勿論《もちろん》私とても喜び勇んで刑務所に入つたわけではない。併《しか》し一旦入獄と決まつた以上、もはや自分の力で何《ど》うすることも出来ず、否《いや》も応《おう》もないことであつて見れば、罹つてしまつた病気と同様、これも仕方ないと諦《あきら》める外はない。それ故に私は早速諦《あきら》めをつけて、謂《い》はば気の進まぬ旅行にでも出かけるやうな気持で刑務所に往つた。旅行と言へば五・一五事件の時は、上野発の夜行で青森に向ふ途中、列車の中で逮捕され、土浦で下ろされて、自動車で東京に連行されたのであるから、警視庁に着いたのは払暁《ふつげう》のことであつた。直ぐ留置所に入れられて床《とこ》に就くと、連日の疲労が一時に出たため、翌日の午後二時ころまでぐつすり眠つた。そして検事の簡単な訊問《じんもん》があつた後に刑務所に送られることとなつたが、其時検事の好意で鰻丼を取寄せ、舌鼓《したづつみ》《つづみ》を打ちながら腹ごしらへをしたことを、今でもはつきり覚えて居る。

市ヶ谷刑務所での一年有余は、文学書の耽読《たんどく》と自叙伝の執筆とで、殆《ほとん》ど退屈せずにすごした。私は獄中無為《むゐ》の月日を絶好の機会として、其時までの自分の生涯を丁寧《ていねい》に反省しようと思立《おもひ》ち、『凡人伝』と題目をつけて、少年のころから其時までの自分の姿を、第三者の立場から冷静に且《かつ》刻明に描き初め、丁度書き上げた時に保釈《ほしやく》で出所することになつた。一枚二十行、一行二十字詰で、半紙に毛筆で書いた原稿が約六百枚あつた。この『凡人伝』は、自分の正体を出来るだけ精確に見窮《みきは》めるためのもので、他人に示すために書いたのでないから、出所直前に看守長の前で之を破り棄てた。この看守長は今里という人で、市ヶ谷刑務所在所中、終始私に注いでくれた此人の温かい親切は、年経《としへ》たる今日でも想ひ起す毎に感謝の念が湧く。単《ひと》り看守長だけでなく、受持の看守もまた親切で、一週二回の入浴には、いつも一番先に私を奇麗な風呂に入れてくれた。いま市ヶ谷の獄中生活を回顧して、私は聊《いささ》かも暗い幽鬱《いううつ》を感じない。深編笠《ふかあみがさ》をかぶつて監房を出入した自分の姿も、みじめな憫《あはれ》むべきものとしてではなく、可笑《おか》しく頓狂《とんきやう》なものとして眼前に浮んで来る。

大審院で禁錮《きんこ》五年の判決が下り、既決囚として豊多摩刑務所に入る時は、在所中に『欧羅巴《ヨーロシバ》《ヨーロッパ》近世殖民史』を書く心算《つもり》を決めて居たから、書斎を自宅から監獄に移した気持で、約一年有半余を実に忙しく且《か》つ有効にすごした。この一年有半に私は百二十頁綴のノート・ブック四十冊を書き上げた。出所後に此の原稿の一部を『近世欧羅巴《ヨーロッパ》殖民史』第一巻として刊行したが、この一巻だけでも菊版六百頁の大冊となつた。私は此書の序文に下のやうに書いて居る——

『殖民史の著述は、決して予が昨今の発心《ほつしん》でない。それは往年予が拓殖大学に殖民史及《および》殖民政策講座を担任せるころよりの宿志《しゆくし》である。而《しか》も其後事務に激するところありて久しく几辺《きへん》を離れ、倥偬《こうそう》（倥惚の誤植か）として風塵に塗《まみ》れて居たので、多からぬ時間を割いて僅《わずか》に研究を続けて来たが、筆執《と》る余裕などは思ひも寄らなかつた。然るに一朝五・一五事件に連坐して囹圄《れいご》の身となるや、公私一切の葛藤《かつとう》、立どころに撥無せられ、無為《むゐ》閑々たること太古の民の如くなるを見た。即ち此機に乗じて存分に殖民史研究に没頭せんと欲し、欧羅巴《ヨーロツパ》世界制覇に関する諸著を集め、冷頭熱腸《れいとうねつちやう》、読みては書き、書きては読む以外、朝々暮々《てうてうばいばい》また他事なく、人は獄裡日輪《ごくりにちりん》の歩み遅々たるを嗟嘆《さたん》するも、予は却《かへ》つてその颯々《さつさつ》たるに一懼《く》せざるを得なかつた。』

茲《ここ》に『太古の民』と言つたのは、獄中生活の衣食住が甚《はなは》だ単純且殺《かつ》風景で、凡そ文化的なるものと縁遠いことを形容したのである。板敷の四畳の独房には何の装飾もない。着物は夏冬によつて厚薄あるが、柿色の筒袖《つつそで》一枚又は一組、同じく柿色の越中褌《ふんどし》一本、三食は握飯一個と一菜である。食物のことは河上博士の自叙伝の中に事細かに書かれて居るが、私が豊多摩刑務所で与へられたものは、博士が報告して居るものよりも遥に粗末なものであつた。獄中戯《たはむ》れに詠《よ》んだへなぶりの中に下のやうなのがある——

今日もまた、わかめ汁なり朝も夕も、ひとやの糧《かて》はつつましきかな

今朝のかては、野菜にあらで草なれば、馬は喰ふべし人は得食《えく》はず

塵箱《ちりばこ》の、底の藻屑に似たるかて、何ぞと問へばひじきと答へき。

毎日夜が明ければ起床、日が暮れれば就床、晴天三十分の戸外散歩以外は、終日一室に閉ぢこめられ、禁錮刑であるから何の労役も課せられない。看守以外の人間と口を利《き》くことがなく、その看守との話も用事だけに限られ、而《しか》も用事は殆《ほとん》どないのであるから、滅多に声を出すことがない。そのために声がしわがれて了《しま》つたので、私は三十分の戸外散歩の時に、存分に声を出させてくれと請願し、それが許されてからは、散歩の度毎に大声を張上げることにした。窓外の雀の歌以外に音楽なく、極暑《ごくしよ》に団扇なく、極寒《ごくかん》に火鉢ない。世間では人間が積極的に自然の猛威と戦ひ、自然の力を駆使《くし》して自然を征服して居るが、獄裡《ごくり》の囚人は太古の民と同じく、自然に対して全く受動的であり、唯だ自分の体力で抵抗し、精神力で忍耐する以外に途はない。そのため私は刑務所の中で、娑婆《しやば》では想像もしなかつたほど、四季の移変《うつり》りや天気の晴曇《せいどん》に敏感になつた。

かやうな生活は決して愉快な生活でない。肉体的には確《たしか》に苦しい生活である。然し私

は約一年有半の在獄中、唯だの一度も風邪《かぜ》を引かず、胃腸もこわさず、従つて服薬したことがない。私のやうな体質の者が健康を保ち得るとすれば、獄中の肉体的苦痛は決して人間の堪え難いほどのものでない。私が豊多摩に入所したのは昭和十一年六月十六日であるが、入所して約二個月を経た八月十八日の日記に、私は下のやうに書いて居る

――

『刑務所の三食は甚《はなは》だ粗末であるが、東北の貧農は、一層粗末なもので露命《ろめい》をつないで居る。考へて見れば刑務所生活は不思議な生活だ。衣食住はもとより、最少限度ではあるが、手拭・楊子《やうじ》・石鹸・歯磨・塵紙《ちりがみ》のはてに至るまで、一切の必需品を国家から支給され、予の如き禁錮刑の者は、如何なる労役にも服せず、唯だ好むところの書物を繙《ひもと》き、時に感懐《かんくわい》をへなぶりに託して、日を迎へ日を送つて居る。監獄は此世ながらの地獄と言はれる。なるほど夏は実に熱く、冬は実に寒いところは、焦熱地獄・大寒地獄を想はせるけれど、寒暑に負けぬだけの健康を有《たも》つて居る人にとりては、監獄は地獄と相距《あひへだ》る遠いものだ。少くとも寒暑による肉体的苦痛を除けば、監獄は殆《ほとん》ど如何なる苦痛をも予《よ》に与へない。いろいろな快楽を奪はれては居るが、

天を念《おも》ひ、真理を求め、人を愛する最大の楽事《らくじ》は、何処に居つても奪はれない。思ひ且《かつ》愛することを知る者は、獄中なほ安楽に暮らすことが出来る。』

そして入所後一年有余を経た翌年八月七日の日記には

『予の健康は過去一年の獄中生活によつて聊《いささ》かも衰へない。下獄《げごく》以来予は独自の養生法を体得《たいとく》した。唯だ此事だけでも、下獄《げごく》によつて失へるところを償《つぐな》ひ得て余りある。』

と書いて居る。

囚人が獄中で健康を害するのは、恐らく肉体的苦痛のためからでなく、精神的苦悩のためだろうと思はれる。私は精神的には殆《ほとん》ど如何なる苦悩をも感じなかつたので、存分に健康を保つて殖民史の研究に没頭することが出来た。若《も》し私が獄中で焦燥《せうそう》不安の念に駆《か》られて居たとすれば、殆《ほとん》ど加筆せずに印刷に附し得た約五千頁の原稿を書き得る筈《はず》がない。

二度あれば三度といふが、昭和二十年十二月十二日の巣鴨刑務所行きは、私にとりて三度目の入獄である。巣鴨刑務所のつれづれに書いた下獄記の中で、私は当日のことを下のやうに書いて居る——

『冬天払暁《とうてんふつげう》、中津（神奈川県愛甲郡中津村）河畔の風光最も清明である。自動車《じどうしや》の来るを待つ間、中津川を見下ろす門前の路頭に柴を焚いて暖を取る。立ち登る薄煙《はくえん》と、川面に漂ふ狭《さ》霧《ぎり》と上下呼応して、まさしく煙霧漂渺《えんむへうべう》（渺縹）である。前晩には隣村座間の諸君が、宛《あたか》も予の駐外大使赴任をでも祝ふやうな送別の宴を茶亭《さてい》に張つてくれたので、久振《ひさし》りに芳情《ほうじやう》と美味とを満喫した。考へて見れば予の仕事は敗戦と共に一応は一切片《かた》がついたし、煩悩《ぼんなう》の種になる子供はなし、戦災を免れた家屋や蔵書を売払《うり》へば、後に遺《のこ》る者も露命《ろめい》だけはつないで往《ゆ》ける。して見れば、色も酒も人並に味《あじは》ひ尽した今日此頃、山川《さんせん》万里いづれの路を往来するにしても、所詮春風秋雨に委《ゆだ》ねる身の上であるから、宛《あたか》もアメリカのホテルにでも泊りに往《ゆ》く気持で、やがて到着した自動車に乗り、門前に見送る人々に挨拶して村を離れ、途中二度自動車に故障を生じたので、予定よりやや遅れて正午すぎに巣鴨についた。』

私は国際軍事裁判は決して正常な訴訟手続ではなく、軍事行動の一種だと考へた。日本の無条件降服によつて戦闘は終止したが、講和条約が調印されるまでは、まさしく戦争状態の継続であり、吾々に対する生殺与奪《せいさつよだつ》の権は完全に占領軍の手に握られて居る。

態々《わざわざ》裁判を開かなくとも、占領軍は思ふが儘《まま》に吾々を処分することが出来る。例へば私を殺そうと思へば、Ohkawa shall die といふだけで事足りる。其の外に何の手数も文句も要《い》る筈《はず》がない。然るに国際軍事裁判といふ非常に面倒な手続を取ろうとするのは、左様《そう》した方がサーベルや鉄砲を使ふよりも、吾々を懲らしめる上に一層効果的であると考へたからに他ならない。従つてこの裁判は一種の軍事行動であり、法廷は取りも直さず戦場である。若《も》し私が老年でなかつたとすれば、私は何年か前に既に応召して征途《せいと》に上り、或《あるい》は戦場の露と消えて居たかも知れない。降服後の日本に生き残つて、今度戦犯容疑者《ようぎしゃ》に指名されたことは、謂《い》はば最後の召集令を受けたやうなものであり、巣鴨に往くのは戦場に赴くやうなものである。出征に際しては、生還《せいくわん》を期せぬことが日本人の心意気である。この裁判で如何なる判決を受けようとも、それは戦場で或《あるい》は負傷し、或《あるい》は戦死すると同じことであるから、それに対して毛頭不平不満の念を有《も》つまい、と覚悟を決めて私は家を出た。

私はかやうな気持で巣鴨に往《い》つたのであるが、入所して見れば収容者には顔見知りが多く、親しい友人も少くない。同じ建物の同階同側にある十二の監房《かんぼう》に収容されて居る者は、三度の食事を受取りに行く際に必ず顔を合はせるし、毎日一時間は一緒に散歩して自由に談話が出来るし、其上誰も彼も表面は平然たる顔付をして居るから、市ヶ谷や豊多摩で独房生活を送つた私には、殆《ほとん》ど刑務所といふ感じがしなかつた。日本の新聞やアメリカの数々の雑誌が読めるし、暖房装置があるから寒くはなし、食事は自宅で食つて居たものより上等であるし、夜になれば俘虜《ふりょ》関係で収容されて居る若い兵士諸君が、大声で色々な唄を謡《うた》ひ出すやらで、此処での集団生活は、古寺のやうにがらんとした中津の自宅で、老妻と女中の三人ぎりで、終日碌々《ろくろく》口もきかずに過ごす生活よりも遥に陽気であり、従つて下獄《げごく》に伴ふ孤独感などの起る筈《はず》もなく、娑婆《しゃば》とのけじめが殆《ほとん》ど感ぜられなかつた。

其上私にとりて幸運至極なことは、病気のため下獄《かごく》《げごく》が遅れて居た松井石根将軍が、四月初旬に入所して、私の監房に収容されたことであつた。私は将軍と多年の知合ではあつたが、それは中国問題乃至《ないし》東亜問題の同志としての交際で、互に霊性《れいせい》の扉を開いて道交《どうこう》を結んだ間柄ではなかつた。然るにいま等しく戦犯容疑者として下獄《げごく》し、思ひがけなく監房《かんばう》を同じくして、日夜起臥《きぐわ》を偕《とも》にするに及んで、私は初めて人間として将軍の面目に触れ、その道骨《どうこつ》の香ばしきに心の底から傾倒した。

銭湯に入る人は、他人の前に肉体をさらさねばならぬ。同様に監獄に入る人は、晩《おそ》かれ早かれ心の衣裳を脱がせられる。一緒に監獄で起臥《きぐわ》することは、恐らく人間の真実の心を知る最上の機会である。私は獄中で初めて将軍の精神をその赤裸々の姿に於て見た。語黙動静《ごもくどうせい》、坐臥進退《ざぐわしんたい》、凡そ将軍のやうに微塵《みじん》の衒気《げんき》なく、而《しか》も挙措《きよそ》自ら節度に当つて居る人は、絶無でなくとも希有《けう》である。『何ヲ以テ知ル二君子ヲ一、交情復淡如《かうじやうまたたんのごとし》。』私はこの淡如という形容詞は、将軍のために出来た言葉のやうに思つた。私はかやうな風格の将軍と、日夕起臥《きぐわ》を偕《とも》にする欣《よろこ》びを、獄中で満喫しようとは夢にも想はなかつた。

将軍は私と同じく、裁判のことを殆んど念頭に置いて居なかつた。相手があれば獄中の徒然《つれづれ》を慰めるつもりで、トランプと花札とを用意して来たのを見ても、裁判に対して無頓着な将軍の心境が窺《うかが》はれる。唯だ私自身は野暮の骨頂《こつちやう》で、双方とも皆目《かいもく》その遊び方を知らなかつたことが、将軍を失望させた。併《しか》し将軍が若《も》しトランプと花札だけを刑務所に持《もち》込んだのなら、之を聞いて眉をひそめる人がないとも限らない。ところが将軍は、トランプと花札の外に、恭《うやうや》しく興亜観音の写真一葉を奉じて来た。興亜観音とは、将軍自身の発願により、中日両国将兵の血潮に染められた南京の土を混《まじ》へて造られた観音立像で、之を源頼朝の観音信仰によつて名高い熱海の礼拝山に安置し、将軍は其麓《ふもと》に廬《いほり》を結んで、両国戦歿将兵の冥福《めいふく》を祈つて居たものである。

将軍はその写真を監房《かんばう》の壁間に掲げ、朝七時・夕七時、両人坐して其前に合掌礼拝し、了《をわ》りて声を合せて般若心経並《ならび》に観音経を読誦《づしやう》するのを日課とした。私は将軍の淡如《たんじよ》たる風格、下獄《げごく》によつて聊《いささ》かも動かぬ一心の平安が、その篤《あつ》い観音信仰から来て居ることを知つた。そしてこの日々の読経の間に、一夜将軍も私も、実に言語に絶する法悦《はうえつ》を味はつた。この法悦《はうえつ》は私の生涯に於て最も貴重な宗教的経験の一つであるから、当時獄中で書いた文章の一節を下に摘録《てきろく》する。文中『虎』とは将軍のこと、また『竜』とは私自身のことである。私は私どもの収容されて居た監房《かんばう》を、戯れに『虎竜窟《こりゆうくつ》』と呼んで居た――

『日を重ぬるに従ひ、観音の慈悲、頓《とみ》に竜虎の心魂に徹し、日々春雨に浴するの思《おもひ》あり。一夜声を合せて看経半《かんきやうなかば》に達せる時、忽然《こつねん》として肚裏《とり》万朶《ばんだ》の花、一時に開き、薫香《くんかう》窟裡《くつり》に充満し、涕涙《ているい》竜虎の双頬《さうけう》を流るること江河の如し。嗚呼、竜は蹭蹬《そうとう》（足場を失ってよろめくさま。勢いを失ってさ迷うさま）六十年、虎は実に七十年なり。竜虎等《ひと》しくほぼ山頂の松籟《しょうらい》（松に吹く風。またはその音）を楽しみ、栄枯盛衰を逝波《せいは》に附するを得て、以て自ら安んじたり。何ぞ図らん獄裡《ごくり》看経《かんきやう》の間、百尺竿頭進一歩《ひやくしやくかんとうしんいつぽ》して、驀然絶巓《ばくぜんぜつてん》を窮《きは》めんとは。経に曰く〈応《まさ》に大将軍身を以て得度《とくど》すべき者には即ち大将軍身を現じて説法し、応《まさ》に婆羅門《ばらもん》身を以て得度《とくど》すべき者には即ち婆羅門《ばらもん》身を現じて説法す〉と。虎は大将軍なり、竜は婆羅門なり。想はざりき両人等しく囹圄《れいご》に堕《お》ち来《きた》りて、互に他を得度《とくど》せんとは。即ち竜虎倶に初めて法身に同ずるを得たるなり。火坑変成池《くわかうへんせいち》なり、地獄変成楽土《ぢごくへんせいらくど》なり、竜虎天に歓《よろ》《よろこ》び地に喜び、声を合せて羯諦羯諦波羅羯諦と高誦すれば、虚空に声あり、希有希有《けうけう》と応ふるものの如し。』

私は数十年来、観音経を読誦《づしよう》すること幾度なるかを知らない。而《しか》も此夜の読誦《づしよう》によつて、初めて私は、雲霧を披《ひら》いて青天に白日を仰ぐが如く、観音の光明を仰ぐを得た。

私は巣鴨刑務所で、かやうな法悦を将軍と共に味はつただけでない、漢詩を作る面白さをも将軍に教はつた。私は巣鴨入所以来、羅馬《ローマ》史の研究に没頭して居たが、細字の洋書を読みすぎたため、急に視力が弱り、三月末には殆《ほとん》ど読書に堪えないほどになつた。丁度此頃に将軍が入所した。私は将軍が漢詩を善くすることを知つて居たので、暫《しばら》く羅馬《ローマ》史を廃して詩を将軍に学ぶこととし、生れて六十年にして初めて詩作を試みた。作ること数十首、詩興《しきよう》雲の如く湧き、これほど面白いことを何故今日までやらなかつたかと後悔した。そして『吾は半年にして将軍の塁を摩し、一年にして出藍《しゆつらん》なるべし。』などと戯れながら、将軍から『そう根《こん》を詰めてはいかんぞ。』と叱られたほど詩作に耽溺《たんでき》した。当時私は獄中で下のやうに書いて居る――

『作詩の愉快、言語を絶つ。或《あるい》は恐る予《よ》にして若《も》し年少詩を学びたらんには、同郷の老友土屋竹雨が、法学を一擲《いつてき》して一代の祠宗《しそう》となれるが如く、予《よ》もまた詩に淫《いん》し去りて終生を風流に託し、竹雨の驥《き》尾《び》に附したるべきを。果して然らば予が六十年の生涯、全く別箇の面目を呈し来《きた》り、春風胡蝶《こてふ》舞ひ、驟雨《しうう》芭蕉《ばせき》《ばせう》を裂き、雪花繽紛《ひんぷん》たりしなるべし。風光必ずしも佳ならずとせじ。等しく廬山《ろざん》（廬山）ならば、峯も可、巒《らん》（いくつも続く山々）もまた可なりとせん。』

かやうにして私は、昭和廿一年五月、乱心して米国病院に移されるまでの巣鴨刑務所生活半年を、甚《はなは》だ楽しく暮らした。

二　人間は精神病院でも安楽に暮らせる

さて私は乱心の結果、昭和二十一年五月上旬、巣鴨刑務所から本所《ほんじよ》の米国病院に移され、六月上旬に其処から本郷の東大病院に、そして八月下旬には更に松沢病院に移された。この数ヶ月の間、私は実に不思議な夢を見続けた。私は其夢の内容を半ば以上は明瞭に記臆して居る。然るに此の夢は、松沢病院に移ると殆《ほとん》ど同時に覚めてしまつた。夢が覚めたといふことは、乱心が鎮まつたといふことである。私が東大病院に移されたのは、恐らく私の病気が当分治りそうもないといふ診断の結果と思はれるが、移ると同時に病気が治り初めたのである。

尤も数ヶ月に亘る長い白日夢のことであるから、覚めた当座は現実と夢幻《むげん》との境が判然しなかつたが、翌昭和二十二年の初春には、丁度二日酔《ふつかよい》が綺麗に醒《さ》めたやうに、私の精神は全く常態に復《かへ》つた。松沢病院入院後約二ヶ月を経た十一月一日から、私は日記を書き初めたが、いま其の日記を読んで見ると、十一月七日の条には『雨、寒し。午前薄伽《はくか》梵歌《ぼんか》。午後ソロギヨフ。今日は此の病院が巣鴨より松沢に移転し来れる記念日なりとて、午後講堂にて素人芝居あり、昼飯は赤飯。』とある。ソロギヨフといふのは彼の大著『善の弁証《べんしやう》』のことで、薄伽梵歌《はくかぼんか》と共に多年に亘る私の精神の糧《かて》である。私は自分の理解力や記憶力が、病気のために何《ど》んな影響を受けたかを試すために此等の両書を読み返したのである。そして決して格別の影響を受けて居らぬことを知つた。

昭和二十二年二月下旬から三月上旬にかけて、私は再び米国病院に移され、約半月に亘る綿密な精神鑑定を受けた。まづ精神病科主任の一軍医が、毎日午後一時間乃至《ないし》一時間半、五日続けて色々な質問に対する私の応答を求めた。それが終つて数日後に、他の一軍医が約三時間に亘つて同様のことを繰返した。其後数日を経た一夕には、院長以下男女十三名の軍医が一室に集まり、四方八方から私に向つて質問の矢を放つた。その質問は、丁度会社の人物詮衡《せんかう》委員が新卒業生採用の際にやるメンタルテストに類するもので、まことに他愛ないものであつた。例へば『デモクラシーを何《ど》う考へるか。』と訊ねるから、『Democracy は甚《はなは》だ結構、但しDemocrazy は御免《ごめん》だ。』と答へるたぐひである。この半月に亘る精神鑑定の結果、私の精神が最早健全を取戻して居ることが明《あきら》かにされた。

此時の病院の診断書の一部を下に摘録《てきろく》して置く――

The prisoner spoke English freely during all interviews. He seemed to enjoy his conversation with the examiner. His English vocabulary is excellent. He expresses himself well, frequently using descriptive similies《（ママ）》 and metaphors. His pronounciation《（ママ）》 is poor.

Intelligence is far above average.

His verbal response to questions is concise, coherent and reasonable. He speaks with excellent logic on nearly every subject brought out for discussion.

…… We Consider《（ママ）》 that this prisoner possesses the abibity《（ママ）》 to understand the nature of the proceedings against him. He is able to differentiate right and wrong. He possesses the intellectual capacity and judgment necessary to take reasonable steps in the presentation of his own defence.

この診断書は別の個処で『He makes best of any situation』と書いて居る。これは『随処《ずいしよ》為主《ゐしゆ》』の意味で、私にとりて過分の讃辞であるが、恐らく私が米国病院の図書室から本を借《かり》出して、余念なく読み耽《ふけ》つて居たのを見てのことであらう。また『Few things disturb his composure』とも書いて居る。これは何から割出した判断か、一寸見当がつかない。病院内で何も周章《しうしやう》狼狽《らうばい》するやうな事件が起きたわけでないから、落付き払つて居るのが当前である。恐らく私が裁判のことを一向気にかけず、欣《よろこ》んで法廷に立とうとして居たのを見てのことかも知れぬ。それは何《ど》うでもよいとして、此の精神鑑定は国際軍事裁判の検事側の要求によつて行はれたものであり、診断は叙上《じよじよう》の通りであるから、私は一旦松沢病院に帰つたものの、遠からず再び巣鴨に戻るものと堅く信じて居た。

然るに四月上旬に至り、私は精神病者たる故を以て裁判から除外されたと通告された。之は私にとりて甚《はなは》だ意外な通告であつた。そして其年九月中旬、総司令部から四人の軍医が松沢病院に来て、再び私の精神鑑定を行つて帰つた。此時も私は巣鴨行を覚悟したのであつたが、それつきり何の音沙汰もなく、昭和二十三年の暮、不起訴となつて釈放《しやくほう》され、十二月三十日に中津の自宅に帰つたのである。

然らば私は松沢病院の二年有半を何《ど》うして暮らしたか。私は刑務所で左様であつたやうに、此処でも安楽に且《か》つ有益に暮した。世間の嘲笑《ちようせう》、悪罵《あくば》、憐憫《れんびん》乃至《ないし》同情を他処《よそ》に、私は何の苦労もない月日を送つたのである。もともと私の松沢生活は、普通の精神病者の病院生活とは全く別個のものである。約二年有半のうち、初めの半年はともかくとして、後の二年は健全な精神に復帰して居りながら、精神病院の病棟に、精神病者としての拘束を受けて生活したのである。米国病院の診断が、私は能《よ》く裁判の性質を理解し、且《かつ》法廷で自己を弁護する知的能力と判断力を有すると証明したにも拘《かかは》らず、裁判長が私を裁判から除外したのは、万一私の病気が再発して、今度は平沼翁の白髪《しらが》頭（読み仮名ルビ元本ママ）を叩きはせぬかと心配したからであるかも知ぬ《（ママ）》。併《しか》し再発せぬ限りは診断書にある通りの精神状態である。凡そ病院附の医者でも看護人でもない外来の健康者が、真正の精神病者と病棟を共にして二年有余も起居するといふことは、殆《ほとん》どあり得べからざることであるが、私はそうした希有《けう》な経験をしたのである。

　其上私の場合は、愈々《いよいよ》病気全快が確実となれば法廷に立たせるといふ条件の下に入院して居るのであり、而《しか》も私は確実に全快して居るのであるから、何時巣鴨から迎へに来ぬとも限らぬ状態に置かれて居たのである。かやうな境遇は決して落着いた境遇とは言へない。それに精神病院を包む雰囲気は、陰惨の一語に尽きる。併《しか》し谷深ければ、山また高い。私は、若《も》し私が松沢病院に入院しなかつたならば、決して味《あじは》ひ得なかつたであらう有難さや欣《よろこ》ばしさを味はつた。

　さて松沢病院の西第五病棟といふのは、約百坪の中庭を囲んだ鉄筋コンクリートの方形の建物である。この病棟の北半が、戦犯容疑者で精神病に罹つた者を収容するために留保されて居り、各二間に三間即ち六坪の病室が三つ並んで居た。私は入院から退院まで中央の一室を独占したが、左右の両室には常に患者の出入があり、多い時には一室に三人も収容されて居た。其等の人々のうちには、病気回復の見込ないために釈放《しやくはう》された者もあり、回復して巣鴨に帰り、裁判を受けて死刑の宣告《(ママ)》を受けた者もあり、巣鴨に帰つてから病気再発して自殺した者もあり、また病気も治り且《か》つ不起訴になつた者もある。

私の室内には木製の寝台を一つ備へてあつたが、後部に一尺ばかり継ぎ足してある。まさか私の入院を予期してのことでもあるまいから、此の病室は長身の患者に縁があるものと見える。寝台の外にテーブルと椅子二脚が備へてあり、夏はそのテーブルで読書したが、冬は室の一隅に畳を三枚入れて貰ひ、其上に坐つて日本机で勉強した。住宅払底《ふつてい》を極めた時代に、南面して大きな窓が二つもある十二畳の一室を独占することは、すでにそれだけで贅沢《ぜいたく》の沙汰である。それに私が入院してから一年余りは、最も電力の不足した時代で、世間では痛く停電に悩まされて居たのに、病院には不断に送電があり、夜間の読書、昼間の電気焜炉《こんろ》使用に何の差支もなかつた。

有難いのはそんなことだけでない。敗戦日本を吹き捲《ま》くつた政治的・経済的の大嵐に、正直な人間は概ね窮乏貧困のどん底に叩き込まれ、曽《かつ》ての宮様までが巷《ちまた》に商売を始めるやうになつた昭和二十年から二十三年春に至るまでの三年間、金銭の必要を聊《いささ》かも感ぜず、唯だの一度も貨幣《かね》に手を触れずに暮した者は、いま現に娑婆《しゃば》に居る衆生《しゆじやう》のうちでは、勿体ないことであるが恐らく天子様と私ぐらいのものであらう。時々聞こえる狂人の悲鳴や怒号は決して快いものでなかつたが、其外には格別不快なこともない。かやうな次第で病室は私のために有難い書斎となつた。

私は此の書斎に古蘭原典《こうらんげんてん》と、十種に余る和漢英仏独の訳本を自宅から取寄せ、昭和二十一年十二月一日から之を読み初めた。それは私が乱心中の白日夢で屢々《しばしば》マホメツトと会見し、そのために古蘭《こうらん》に対する興味が強くよみがへつたからである。私の病気は私の理解力に何等の影響も及ぼさず、以前に読んで難解であつた個処も、此度は其の意味が明瞭になつたところが多かつた。そして翌二十二年二月下旬、精神鑑定のために米国病院に移される直前、一応之を読了した。

前に述べたやうに、米国病院の診断は私が法廷に立ち得るといふことであつたから、私は晩《おそ》かれ早かれ巣鴨に帰るものと思ひ込み、古蘭《こうらん》の和訳に没頭することが、獄中消閑《ごくちゆうせうかん》の最上策だと考へ、三月十二日米国病院から松沢病院に帰つた翌十三日から、早速古蘭《こうらん》訳註《やくちゅう》に筆執《と》り初めた。そして意外にも裁判から除外されたために、仕事は松沢病院で順調にすすめられ、昭和二十三年十二月十一日、遂に最後の訂正を終へて完全に訳了した。私は其夜直ちに筆を走らせて、其時の深い感慨を『古蘭訳註《こうらんやくちゅう》』と題して下のやうに書き留めた——

古蘭三昧《こうらんさんまい》二年なり
茲《ここ》に三度目の校訂を了《を》へて
『古蘭訳註《こうらんやくちゅう》』の原稿成る
処は松沢病院西第五病棟
時は昭和二十三年十二月十一日
巣鴨入りは昭和二十年の明日なれば
家を出《い》でてまさしく満三年
冬には暖き晴れたる土曜日の夕暮なり

一顧すれば三十五年の昔なり
われ大学を卒《を》へて数年の後
帝大図書館の特別閲覧《えつらん》室に
晴の日も雨の日も通ひつめて
回教研究に没頭せるころ
われと共に閲覧《えつらん》室を己が書斎とし
日として姿を見せぬことなかりしは
瓊音《けいおん》沼波武夫君なり

後年吾等は濃《こまやか》なる友情を結びしが
日毎顔を合せし図書館時代は
数年の間互に一語を交へず
実に挨拶さえもしなかつた
唯だわれは沼波君の雑誌で

下の一首を読んで微笑したことがある
『病みぬれば図書館恋し、 マホメット
研究者なる鼻高男も。』

アリフ・バー・ター・サー・ジーム・ハー
マナセギッチの簡単な文典（文法書）を頼りに
アラビヤ語独習の如何に難かりしぞ
丸善を経て印度《インド》に註文せし
アハマディヤ協会刊行の
阿英両文の古蘭《こうらん》を入手せる時
このアラビヤ初学者は
如何に其の胸を躍らせしことぞ

道会の雑誌『道』に

『聖伝《ハディース》』の抄訳《せうやく》を連載せるも其頃なり
アカギ叢書といふ十銭本に
マホメット伝を執筆せるも其頃なり
古蘭《こうらん》和訳を発願せるも実に其頃なり
而《しか》して稿を起すこと再度なりしが
一度は第三章までにて
二度目は第九章までにて中止したり

其後幾度か古蘭《こうらん》を繙《ひもと》きしが
身を入れて訳筆を執《と》るには
余りに事繁き歳月が続いた
その古蘭《こうらん》の訳註《やくちゆう》が
戦犯容疑者となり乱心者となりしために
めでたく茲《ここ》に稿を了《を》へて

多年の宿願成就《じやうじゆ》するとは
鳴呼、見えざる力、常に吾を導く

五・一五事件の豊多摩刑務所は
殖民史執筆の書斎なりき
想はざりき此度の幽囚《いうしう》によりて
回教の研究に没頭せしめられんとは
鳴呼、心の底におのづから湧く望み
求めずして常に遂げしめらる
世の人の災厄とすることが
吾身には常に幸福となるこそ不思議なれ

松沢病院の病室は、書斎としてまことに申分なく、其処で私は多年の宿願であつた古《こう》蘭和訳《らんわやく》を成就したことは叙上《じよじやう》の通りであり、そのために私は常に私を加護して下さる見えざる力に篤《あつ》い感謝を献《ささ》げたのであるが、私をして楽しく且《かつ》健《すこや》かに病院生活を送らしめたのは、この見えざる力の加護の外に、見える力のお蔭があつたことを述べずに居られない。

私は巣鴨刑務所では普通以上の食事、米国病院では極上の食事を与へられたが、松沢病院の食事に至つては、曽《かつ》て私が豊多摩刑務所で与へられたものより遥に粗末なもので、それだけ食つて居たのでは、栄養失調は必然であつた。現に病院の看護人が、此頃は食事が悪くなつたので、気違《きちがひ》の馬鹿力も出なくなり、狂暴な患者の取扱が楽になつたと言つて居た。そのころ家族から差入《さしいれ》のない患者の健康は著しく衰へ、見るに堪へぬ凄惨《せいさん》な顔色をして居る者が多かつた。

当時は日本人全体が殆《ほとん》ど残らず飢餓《きが》線上を彷徨《はうくわう》して居た時代である。従つて施療《せれう》患者の多い松沢病院の食事が悪いのに何の不思議もない。私の入院当時は有料患者の一・二・三等は、唯だ病室に差等があるだけで、食事は有料無料を問はず一律平等であつた。そして当時の食糧事情から言へば、設《たと》ひ家族が東京に住んで居り、また相当に裕福であるにしても、病人の食事を十分に補給することは極めて難儀のことであつた。私の家は東京から約三時間を要する田舎にあり、余計な金は勿論《もちろん》持《もち》合せがないのだから、私も当然松沢病院で栄養失調組に入るべき筈《はず》であつたのに、全く予期しなかつた一知人夫婦の好意により、単にひもじい思ひをせぬどころか、美味と芳情《はうじやう》とを併せて満喫しながら病院生活を終始した。此間の経緯《けいゐ》を示すために、之も病院で書いた『清水夫婦』と題する感想文を下に引用する——

松沢病院西第五病棟の一室に籠《こも》りてより
一年有余の歳月早く流れて
今日は昭和二十二年十一月十八日なり
朝から曇れる空は午後愈々《いよいよ》暗く
夕方からは木枯《こがらし》吹き初める
此秋を葬る凮なり
冬来る前触れの凮なり
午後七時、電灯の暗きまにまに
書を閉ぢて床に就《つ》かんとすれば
長き廊下を運ぶ小刻みの足音あり

やがて『兄さん』と音なひてドアを開けるは
御馳走持参の清水夫人なり。

人情紙より薄いと言ふ
その紙ほどの人情も失ひ尽し
唯だ自分だけが生きればよいと
畜生のやうに血眼《ちまなこ》になり
恥も外聞もなくなつたらしい日本に
げに希有《けう》なるかなわが清水夫婦は
戦前ならば路頭の乞食さへも
満足すまじき病院の乏しき食事を
まごころ籠めし数々の品にて
一年余《あまり》も欠かさず補ひ
吾身をすこやかに保ち得たるは

げに清水夫婦の厚きなさけなり

目もまわる忙しい中を
ラッシュ・アワーの電車にもまれ
今夜持参の御馳走は何ぞ
煮るばかりにした牛肉と葱《ねぎ》と焼豆腐
それに威勢のよい葱《ねぎ》一把
かてて加へて珍しいのは大島の自然薯《じねんじょ》
いつぞやは蛤《はまぐり》を貰《もら》つて
気違《きちがひ》病院で蛤汁とは洒落《しゃれ》てるぞと
一人で舌鼓《したづつみ》打《つづみ》つたことがあるが
此処でとろろとは思ひがけなし
一人で啜《すす》つては風情なし
誰かが来るまで大事にして置く

一顧長望すれば四十年の昔
熊本の五高を卒《を》へて東大に入りし年なり
其年の暮より翌年の春まで
病を伊豆大島に養へる時
われ初めて清水常治郎君を知る
往きずれに言葉をかけたるが縁となり
当時の可憐《かれん》なる小学生なりし常治郎君は
或時《ある》は砂白き元村の浜辺に
或時《ある》は椿紅《あか》き三原山に
わが日毎の散歩に伴ひて
後には其の弟たちまで
兄さん兄さんと吾を慕へり

其後常治郎君は大島を出で
東京に喫茶店を開いて今日に至る
処は中野区沼袋
屋号は故郷の御神火に因《ちな》みて『みはら』
交情は永く変らず消息も絶たざりしが
往来は年に一二度にすぎず
畢竟《ひつきやう》淡々たる附合《つきあひ》を続けたるなり
然るにわれ戦犯として巣鴨に叩き込まれ
乱心して裁判から除外されては
多年眷顧《けんこ》の者さへ振向きもせぬ時に
図らざりき清水夫婦が
世にも濃《こまや》かなる情愛を注ぎ来らんとは
沼袋より病院まで

寿司《すし》詰の電車を二度乗換へ
往復殆《ほとん》ど三時間もかかる
繁昌する客商売の女主人が
初めの間は一日置きに
病室で電気焜炉《こんろ》を使つてからは
一週二度にして貰つたが
二月三月《ふたつきみつき》はともかくも
一年以上も続けることは
平時でさへも容易でないのに
まして此頃の食糧不足の時だ

持つて来るのは御馳走だけでない
時には季節の花もある
花を活《い》ける大きな花瓶まで持《もち》込んだ

嗚呼花より美しい夫婦の心を
花は凋《しぼ》んでも決して凋まぬ夫婦の情《なさけ》を
如何に嬉しく吾は眺めしことぞ
またその御馳走でも
義理一遍の品々に非ず
心を籠めて択《えら》べるものなり
さればこそ蛤《はまぐり》汁も味《あじは》ひ得たり
湯豆腐も味《あじは》ひ得たり
近くはとろろを味《あじは》はんとす

また牛肉・豚・鯛《たひ》・鰈《かれひ》・秋刀魚・鰯《いわし》
わけても大島からの土産
巨大な黒鯛の味は忘れられない
魚のない時は野菜の天ぷら

栗より甘い大島の甘藷《いも》
何十年振りで味はつた
設《たと》ひ下獄《げごく》せず乱心せずとも
今の世に何ぞ情愛を他に期待し得んや
然るに今日是《か》くの如き境涯にありて
われはかばかりの芳情《ほうじやう》に浴し
日々美味に舌鼓《したづつみ》うつ
げに吾こそは類稀《たぐひ》なる果報者なれ

私は清水夫婦の好意を『見える力のお蔭』と言つたが、私が精神病院に入ると同時に、それまで格別親密にもして居なかつた清水夫婦が突然姿を現はし、食物に関係ある商売をして居たために、他人では当時到底不可能な補給を、親身《しんみ》も及ばぬ真実をを《(ママ)》以てなしつづけてくれたことは、考へれば考へるほど不思議であり、実は是亦《また》『見えざる力』が此の夫婦を通して私を加護して下さつたことと思ひ、二重に有難く且《かつ》嬉しく感じて居るので、事細かにその経緯《いきさつ》を述べたのであるが、清水夫婦以外にも、絶えず病院に私をおとづれて、常に私を慰めてくれた数々の友人がある。

その一人は、私の『近世欧羅巴《ヨーロッパ》殖民史』や『回教概論』を出版した元《もと》の慶応書房主人岩崎徹太郎君である。私の『古蘭訳註《こうらんやくちゆう》』が昨年立派な装訂《さうてい》で刊行されたのも、私の努力に対する深甚なる同情から、売れないのを覚悟の前で出版してくれた岩崎君の好意によるものである。清水夫婦が食糧を運んで私の肉体を養つてくれたやうに、岩崎君は常に新刊の書籍や雑誌を病院に運んで、私のために精神の糧《かて》を供給してくれた。私は古蘭《こうらん》の飜訳《ほんやく》を日中の仕事とし、夜間は岩崎君が持参してくれた書籍や雑誌を楽しく読むことにして居た。

石黒一郎君の来訪も病院での楽しいことの一つであつた。石黒君と私とは、幼少時代から中学時代まで、異体同心の双生児《ふたご》のやうに成長して来た従兄弟《いとこ》同志である。従つて吾母を除いては、凡そ天下に私を知ること石黒君の右に出る者はない。万事に屈託《くつたく》せぬことは私以上で、道楽と言へば読書だけ、功名利達《こうみやうりたつ》などといふ世間並の欲は、母胎の中に置き忘れて来た人物である。土木技師で荒くれものを相手にして来たせいか、仙人と呼ぶには聊《いささ》か豪壮すぎるので、私はひそかに天然人の尊称を与へて居る。この天然人は、私が無事息災の時は滅多に顔を見せないが、いざ事があるとのつそり其姿を現して、余計な事は一言半句も言はず、出来るだけのことを悠然とやつてくれる。私が巣鴨に引張られてからは、例によつて私の留守宅のことをいろいろ心配してくれる外、忙がしい中を月に一度は日曜一日がかりで横浜から病院にやつて来る。天然人は私の気持を呑込《のみこ》んで居るから、決して私を慰めに来るのでない。奥さんが拵《こしら》へた御馳走の包みをぶらさげて、私と楽しく語り合ふために来るのである。両人対坐すれば随処《ずゐしよ》即ち青山、天然人が絶間なくふかす煙草の煙は白雲となつて天井に漂ふ。天然人の読書の範囲は極めて広汎《くわうはん》であるから、話題はそれからそれと尽きない。かうして過ごした半日はまさしく浄楽《じやうらく》と呼ばるべきものであつた。

また入院中の戦犯容疑者のうちに一人の医学士が居た。この医学士は既に米国病院で顔を見知つて居たのであるが、私より二個月以前に松沢病院に移され、不起訴となつて私より四個月以前に退院した。今は病気も全快し、某大会社に人並以上に勤勉に務めて居る。由緒《ゆいしよ》ある旧家に生れ、何の苦労もなく大学を卒業し、戦争中は応召して軍医となつたが、終戦後は若く美しい細君と可愛い長男と一緒に住んで、博士論文の準備中に、全く身に覚えのない俘虜《ふりよ》虐待《ぎやくたい》容疑で巣鴨に収容されたのであるから、悔《くや》しさ腹立たしさに気も顛倒《てんとう》したのであらう。世間知らずの一克《こく》者であつたが、極めて実直純潔な性分で、初めの間は裁判のことが気になると見え、深刻無限な顔ばかりして居たが、私が何の気苦労もなく勉強して居るのを朝晩見るにつけ、いつの間にやら同化されて、幽鬱《いううつ》な表情も次第に薄らいで往《い》つた。そして一緒に入浴の時は背中をながしてくれ、わけても私が蛔虫のために腹痛で苦しんだり、熱療法のために起床出来なかつた時など、行《ゆき》届いた世話をしてくれた。謂《い》はば一人の医学士（ママ）を特別看護人に抱へて居たやうなものである。私が退院して中津に帰つてからも、この医学士（ママ）は毎月一回は必ず葉書で私の安否を問ひ、昨年所用で上京の際は、不便至極な中津に態々《わざわざ》立寄つてくれた。まことに当世に珍しい義理堅い性分である。

内にはかやうな仲間があり、外からは清水夫婦を初め数々の友人の芳情《はうじやう》を注がれ、宿願成就《じやうじゆ》は此時だと勇み立つて古蘭《こうらん》飜訳《ほんやく》に没頭し得たのであるから、松沢病院での私の生活は甚《はなは》だ安楽なものであつた。二年間一つの家根の下に住んで、私の行住坐臥《ぎやうじゆうざぐわ》を知り抜いて居る医学士は、必ず私が斯《か》く言ふことを首肯するであらう。

三　私は何うして安楽に暮らして来たか

人間は牢獄の中でも、また精神病院の中でも、安楽に暮らせることを示すために、私は自分自身の経験を包み蔵《かく》すところなく長々と述べた。牢獄や精神病院は、設《たと》ひ此世の地獄ではないにしても、決して極楽浄土ではない。それは娑婆《しやば》よりも遥かに住みにくい世界である。少くとも娑婆《しやば》で嘗《な》めなければならぬ嘆きや悲《かなし》みは、其処でも之を嘗《な》めなければならぬ。そして其処で嘗《な》める味は、同じ嘆きや悲しみでも、娑婆《しやば》で嘗めるよりは一層苦《にが》く感ぜられる。その獄中や病院でさへ安楽に暮らせるとすれば、其処以外では尚更安楽に暮らせる筈《はず》である。

精神病院のことは暫《しばら》く措《お》くとして、まず下獄した多くの人々が必ず嘗《な》める最も苦《にが》い経験の一つは、人心の険奇《けんき》・人情の反覆であらう。この経験は設《たと》ひ刑務所に往《い》かなくとも、大概の人が嘗《な》める経験であり、わけても事業に失敗して俄《にはか》に逆境《ぎやくきやう》に陥る人々が、殆《ほとん》ど例外なしに味《あじは》ふ苦《にが》い盃である。私が五・一五事件の第一審で懲役十五年の判決を受けた時、多感多情の老友佐田弘治郎君が、早速市ヶ谷刑務所に駆けつけて、『此先十五年といへば、君が出獄するまで俺は生きて居るまい。』と言つて、熱い涙を流してくれたことは、私が決して忘れぬ濃《こまや》かな友情である。幸ひ私はかやうな有難い友人を多く有《も》つて居たが、また意外な言行に出た人々も少くなかつた。それは今度巣鴨に収容された時も同様である。人若《も》し人生の行路につまづけば、昨《きの》の知己《ちき》、概ね一朝にして路頭の人となる。かやうな時に私の胸中に湧く感情は、其等の人々に対する軽蔑《けいべつ》や憤怒《ふんぬ》や怨嗟《えんさ》の情ではなく、むしろ人性そのものに対する羞辱と、之に伴ふ悲哀であり、深刻な孤独・寂寥・暗黒の感情に襲はれる。『汝等設《たと》ひ一切を失ふとも、唯だ人性の善なるを信ぜよ。然らば汝等は幸福であり得るぞ。』といふソクラテスの教訓は、実に彼の名と共に千古不磨《せんこふま》の真理であり、私は自分の切実なる体験によつて、それが人生に於ける幸福の礎であることを知つた。併《しか》しこの教訓は、之を体得するまでは至難な教訓である。それは世間の実際を見渡す時、『人を見たら泥棒と思へ。』といふ諺の方が、ギリシヤの哲人の教訓よりも一層適切に感ぜられる場合が多いからである。併《しか》し乍《なが》ら若《も》し私がソクラテスに背いて、人性を悪なりとする荀子の弟子に転向したとすれば、『一切世間は焼け、一切世間は燃え、一切世間は焦熱す。』と言はれる三界火宅《さんがいくわたく》に、その苦悩を脱離する道を見出だし得なかつたであらう。

屢々《しばしば》失はんとして幸ひに守りつづけて来た人性の善に対する信仰と、事物の光明の一面に多く心惹かれ、暗黒の一面に目がつかぬ生れ乍《なが》らの楽天的な気質と、東洋思想への沈潜《ちんせん》によつて体得した自分の世界観と、至心に傾倒した三人の先輩と、多くの信実な友人を有《も》つて居たことなどのために、私は内外の苦難を苦難とも思はず過ごして来た。三人の先輩といふのは頭山《とうやま》満・押川方義《まさよし》・八代六郎の三先生で、私は頭山翁に於て真個《しんこ》の日本人を、押川先生に於て真個《しんこ》の信神者を、八代大将に於て真個《しんこ》の武人を見た。私は三先生に親炙《しんきう》《しんしや》して、三者著しく面目を異にするに拘《かかは》らず等しく抱一無離《はういつむり》の宗教人であることを知つた。抱一無離《はういつむり》は即ち至誠である。至誠とは其内に流れる普遍の生命が一貫不断なることである。私は三先生によつて、至誠即ち一気の流に乗託《じやうたく》することが真個《しんこ》の人間となる道であることを、希有《けう》な例証《れいしやう》によつて学ぶことが出来た。

併《しか》し私の一生を通じて、時として陥りかねまじかりし暗黒と絶望の深淵から私を救ひ上げ、一切の難関を容易に切抜け、切扱けた上に安心を与へてくれたのは、実に吾母の慈心である。激しい喜怒哀楽に動かされる毎に、あだかも幼い時に事あれば母を呼んだやうに、私の心は切に吾母を呼ぶ。私が悲嘆の底に沈む時に吾母を呼ぶのは、決して『苦《にが》い盃を私の口から取つて下さい。』と頼むのではない。唯だ切実に母を呼ぶだけである。そして唯だそれだけで、私の心を蔽《おほ》へる雲は次第に吹払《ふき》はれ、和やかな光が心の中に射《さ》し込んで来る。荒海のやうに波立つて居た私の心は、いつの間にか静安に復《かへ》る。

私は『下獄《げごく》の際には仕方がないと諦めた。』と言つたが、その諦《あきら》めは、私が心の中で『母上、私は監獄に往つて参ります。』と挨拶しただけで、いとたやすくついた。それは三度とも其通りである。私のこの挨拶と共に、慈母の悲心、一瞬に山川《さんせん》百里を越えて、まつしぐらに私の身辺に飛到する。私が何事をも頼まないのは、母は私の求める一切を知り尽して居るからである。赦《ゆる》せと願はぬ前に、母は私を赦して居る。暗いと嘆く前に、すでに灯明を用意して居る。淋しいと訴へぬ前に、すでに私を慰める。いや、吾母は私が求めようともせぬものまで与へてくれる。その証拠には、慈母の悲心を吾身に感ずるその瞬間に、私はもはや何ものをも求めなくなる。何ものをも求めなくなるのは、その場合の私に最も必要なものが与へられるからである。そして此の求むるところなき心こそ、最も安楽な心である。

吾母と相並んで、私の生涯を通じて最も屢々《しばしば》私を慰めてくれた恩人は大西郷である。

私は大西郷の魂を想ひ浮べることによつて、幾度か失はんとせる人性に対する私の信仰を取戻《とり》した。翁のやうな人間が、現実に此世に生きて居たといふ事実そのことが、人間に対する温い希望を私の胸によみがへらせた。如何に腐つた林檎が多からうとも、そのために林檎の本当の味に失望してはならぬぞと、いつも私は自分の心を持ち直すのである。或《あるい》は満身に悪罵《あくば》を浴びる時でも、至誠の権化ともいふべき大西郷でさへ、薩摩の大奸《たいかん》と呼ばれたことを思へば、誠意の泉に掬《く》むこと遥に翁に及ばぬ者が、何と言はれても腹を立てる資格はないと反省して、私は憤怒《ふんぬ》の炎をしづめる。事、志と違つた時は、斯様な場合に遭遇したとすれば、翁は如何なる気持を抱き、如何なる態度を採るであらうかと反省する。そうすることによつて私は幾度か難関を透過《とうくわ》することが出来た。

かやうに吾母と大西郷とは、等しく私の生涯を安楽にしてくれた有難い導師であるが、それならば吾母と大西郷とは、同じ方法で私を導いてくれたのか。決して左様ではない。私はその相違を明《あきら》かにするために、まづ大西郷と私とが、また吾母と私とが相結ばれた因縁について考へて見る。

まづ大西郷は、私自身が自分の導師として択《えら》んだものである。それは私が古今東西の偉人のうち、最も強く翁の魂に心惹かれたからである。翁の偉大なる魂は、私自身の魂に欠けて居るものを、最も豊かに具へて居る。テレンシウスが『嗚呼、如何なれば一人は他人にかくも遥に勝《すぐ》て（ママ）れ居ることぞ。』と嘆いたやうに、私は不断に自分の小さい魂を省みながら、仰げば仰ぐほど弥《いや》高い翁の偉大な魂を仰いで来た。私が翁を慕ふのは、翁のやうな人間になりたいからである。私が翁を念ずるのは、翁が行つたやうに自分も行ひたいからである、これは紛《まが》ふべくもない道徳的努力である。その努力によつて私は自分の力で不安や煩悶《はんもん》を退治するのである。それ故に翁が私を導いてくれたといふことは、翁が『此処まで来い。』と私を招いでくれたことである。そして其処まで歩いて往《ゆ》くのは取《とり》も直さず私自身の脚《あし》である。其際に翁の荘厳なる人格が、私の弱い脚に力を与へてくれる。

然るに吾母と私との関係は之と異なる。私は、私自身が大西郷を導師に択《えら》んだと言つた。択《えら》んだといふことは、大西郷以外にも私の導師があり得ることを意味する。若《も》し私がくまなく世界の偉人の伝記を読破し得たとすれば、或《あるい》は大西郷以上に私の心を惹きつけた偉人を見出だしたかも知れない。そして其人を私の導師と決めたかも知れない。然るに吾母は、私が自分で択《えら》んで吾母としたのではない。母は私がその胎内に宿ると同時に否応《いやおう》なく吾母であり、如何なる取捨選択《しゆしやせんたく》をも許されない。また私が大西郷を導師と仰ぐのは、その高貴なる人格のためであるが、吾母の場合は是非善悪といふやうな一切の道徳的取沙汰を超越して得る。左様な思慮分別《しりよふんべつ》のつかぬ以前から、吾母は唯だ只管《ひたすら》に懐しい母である。母を恋ひ慕ふのは、母が勝《すぐ》れた人間であるからではない。尤《もつと》も物《もの》心ついてから、私は吾母の心を此上もなく高い潔いものと信じ、かやうな母親の子と生れたことを、限り無き幸福と常に感じて来た。併《しか》し私が吾母を呼ぶ時、母の心の高潔といふことは、微塵《みぢん》も念頭に浮ばない。私は丁度幼少の時に左様であつたやうに、唯だ端的に吾母を呼ぶ。そして唯だ呼ぶだけで深い慰めを与へられる。吾母は大西郷のやうに『此処まで来い。』と私を招くのではない。母自ら私のところに来るのである。私は吾母の言行を模範として難局に善処するために吾母を念ずるのではない。そのためには私は吾母を念ずる代りに、大西郷を念ずる。例へば私が牢獄に投げ入れられる際に若《も》し大西郷を念ずるとすれば、それは大西郷でさへ三度も島流しに遭《あ》つたのだから、私が入獄するのも仕方ない、せめて翁に笑はれぬやうな態度を採らうと、自ら慰め自ら励ますためである。併《しか》し前に述べたやうに、私は下獄《げごく》の際に大西郷を念ぜず、吾母を念じた。それは吾母に縲絏《るいせつ》の憂目《うきめ》を嘗《な》めた経験があるためでもなく、また吾母の念力によつて入獄を免れたいためでもない。私は唯だ吾母を念じて入獄の挨拶をしただけである。そして唯だその挨拶だけで、下獄《げごく》に伴う苦悩や煩悶《はんもん》が私の心から拭ひ去られるのである。大西郷と私、吾母と私との関係の相違は実に此処にある。即ち大西郷と私とは、道徳的に結ばれて居るのであり、吾母と私とは、宗教的に結ばれて居るのである。

私は巣鴨刑務所で松井将軍から詩作を学び初めたことを述べたが、詩興の湧くに任せ、『斯禹伝《しうでん》』といふ題の下に七言絶句《ひちごんぜつく》数千首で、自分の生涯を叙し来《きた》り、成るに従つて之を吾母に送り、獄中遊戯三昧《さんまい》に消光して居ることを知らせて欣《よろこ》ばせようと考へた。私は前に言つたやうに応召のつもりで下獄《げごく》したのであるから、生きて再び母子の対面は出来ぬものと覚悟して居た。それで私は先づ『斯禹伝序《しうでんじよ》』といふ一文を草して詩稿の成る由来を書き、中学時代までの数十首を作つた時、はからず乱心したために此の風流韻事《ゐんじ》もあはれ果敢《はか》なく頓挫《とんざ》した。そして古新聞に書いた詩稿も殆《ほとん》ど紛失し去つたが、『斯禹伝序《しうでんじよ》』だけは幸《さいはひ》に残つて居る。私にとりては棄て難い鶏肋《けいろく》（大して役に立たないが捨てるに惜しいもの）であるから、その一部を下に載せる。斯禹《しう》とは周明の『周《しう》』をもじつた私の筆名である――

『……詩は成るに従つて之を故山の老友山口白雲に送りて叱正を求めんとす。白雲は天成の詩人にして、その千情万緒《ばんちよ》悉《ことごと》く錦繡《きんしう》なり。斯禹《しう》もまた多情多恨なりと雖《いへども》、理知氷雪の如きものあるが故に、情熱の激越、白雲の如くなるを得ず。就中《なかんづく》漢詩をして光焔《くわうえん》万丈ならしむる悵恨憤激《ちやうこんふんげき》の情に至りては、電光石火、時に猛烈を極むるも、須臾《しゆゆ》にして消滅し去ること紙の燃ゆるが如し。故に斯禹《しう》は文章に於て白雲の好敵手なるも、詩に至りては遂にその後塵《こうじん》を拝せざるを得ず。

『白雲によりて面を洗ひ手を潔められたる斯禹《しう》は、欣然《きんぜん》として阿母《あぼ》の許に至る。阿母《あぼ》齢高きこと八十、斯禹《しう》に先んずること二十年、実に月と日とを同じくして、倶《とも》に臘六《ろうろく》早天《そうてん》、白雪荘内の天地を浄化せる時に生る。蓋《けだ》し異体同心、因縁最も深重なり。阿母《あぼ》は単《ひと》り斯禹《しう》が慈親たるのみならず、老師なり、長姉なり、良友なり。師の厳格と姉の慈愛と朋友の信義とを兼ね、共に求め、共に愛し、共に戯《たはむ》るること、春風秋雨実に二万日なり。阿母《あぼ》はまた斯禹《しう》の主人なり、駆使して憚《はばか》るところなし。また侍女なり、奉仕して至らざるところなし。また其他の一切身なり、千万人は失ふべし、阿母は断じて失ふべからず。

『斯禹《しう》永年の行路、必ずしも坦々砥《と》の如くなりしと言ふを得ず。時に嶮路崎嶇《けんろきく》を極めて千仭《せんじん》の崖《がけ》を度《わた》り、時に電雷霹靂《へきれき》して悲雨骨に徹したり。而《しか》も長程《ちやうてい》万里を踏破して、遂に獄裡《ごくり》不可思議の彼岸に到着し得たるは、実に阿母《あぼ》の悲心、朝々暮々《てう〱ぼゝ》、斯禹《しう》を繞《めぐ》りて寸刻も離れざりしによる。誠に悲母観音なり。想ふに児は生きて再び故山の土を踏み、阿母《あぼ》の膝下《しつか》に戯《たはむ》るるを得ざるべし。唯だ児の詩稿、百里山川《さんせん》。交々《こもごも》故山に飛到して阿母の掌裡《しやうり》に落つる時、阿母《あぼ》は具《つぶ》さに斯禹蹬蹭《しうとうそう》（足場を失ってよろめくさま。勢いを失ってさまようさま）の跡を辿り、今や母子倶《とも》に法身を同じうするに至れるを知りて、拈華微笑《ねんげみせう》、慈顔転《うた》た赫灼《かくしやく》たるべし。詩中『深閨竜躍処《しんけいりゆうやくのところ》』といふが如きは、阿母の髪は緑に、唇は紅なりし比《ころ》、阿父の懐に擁せられて恍《こう》たり惚《こつ》たりし当年の楚々たる少女を回想せしめて、阿母《あぼ》に揶揄《やゆ》（揄揶）一番せんとするものなり。此時阿母《あぼ》は即ち斯禹《しう》の老朋友なり。之を読まば老唇自ら綻《ほころ》び、巨《おほ》いなる双眼自ら細かるべし。

『阿母《あぼ》よ、阿母《あぼ》よ。斯禹《しう》始めは芳草《はうさう》に随つて此岸に来《きた》り、いま落花を逐《お》ふて彼岸に回《かへ》らんとす。往生楽土の日、漸《やうや》く目前に在り。三十年前、阿父《あふ》は既に往生して、浄《じやう》瑠璃池上《るりちじやう》、妙法蓮華《めうはうれんげ》の一を領して阿母《あぼ》と斯禹《しう》との到彼岸を待つ。阿母《あぼ》の乗る涅槃船《ねはんせん》は児の乗る涅槃船《ねはんせん》なり。先後測り難しと雖《いへども》、阿母若《も》し児に先んじて浄土に到らば、願《ねがは》くは斯禹伝《しうでん》中に歌舞する可憐《かれん》両個の女人のために、吾等が坐する蓮華と同根の荷葉一個半個を領して、その往生に備へ給へ。此等の女人、怡々《いい》として阿母に侍し、繊手《せんしゆ》阿母《あぼ》の肩を撫で背を摩《ま》すること微妙柔軟なるべし。これ阿母《あぼ》のために浄土に最勝の侍女を供へんとするなり。いま斯禹《しう》既に得度して阿母と同一眼に視、同一耳に聴く。六十年の不孝、茲《ここ》に最勝無上の孝行を以て終らんとするなり。芽出度《めでた》きかな、芽出度きかな。

さらば阿母《あぼ》よ。山川《さんせん》百里を隔つれども、恭敬《くぎやう》礼拝、遥に声を合せて聖観世音に帰命しまつらん。南無大慈大悲観世音菩薩！唱へ了《をは》りて斯禹《しう》は涕涙滂沱《ているいばうだ》たり。阿母《あぼ》の双頬《さうけう》、また珠玉珊々《さん〳〵》たるべし。』

私は東大病院で見続けた約三ヶ月の長い白日夢のうちで、日として吾母《あぼ》と会はざるはなかつた。何事かに苦しむ毎に、私は有らん限りの声を挙げて、あだかも幼児のやうに吾母を呼んだことを覚えて居る。この母は、私が松沢病院に移り、乱心が鎮まつて白日夢が漸《やうや》く覚めた十二月に、八十歳の高齢で往生を遂げた。出所を期待して居なかつた私は、再び世間の人となつたが、母子再度の対面は、巣鴨で覚悟した通り出来なかつた。

往年の真夏のこと、今は世になきラス・ビハーリ・ボース君が、私の郷里酒田に講演に来たことがある。其時私どもは夕暮から舟を最上川に浮べ、夕日に映える鳥海山を海上から眺めるために日本海に出た。ボース君は夕陽の美しさに打たれ、長い間黙然と見入つて居たが、やがて夕日が静かに紺青の海に沈み去ると、突如『吁《あゝ》、寂しい。』と叫んで、声を挙げて泣いた。私はボース君の慟哭《どうこく》は無理もないと思つた。真夏の日本海の入日は、その限りない美しさと寂しさとによつて、実に人の腸《はらわた》を断つ。私は母の長逝を聞いた時、静かに西海に沈む夕陽を想ひ浮べ、同時にボース君の慟哭《どうこく》をも想ひ起した。実に私は唯だ此母を念ずることによつて、六十年の生涯を安楽に過ごして来たのである。浄土宗の信者が南無阿弥陀仏と唱へ、日蓮宗の信者が南無妙法蓮華経と唱へることによって与へられると同様の安心を、私は最も手近く吾母を念ずることによつて与へられて来たのである。

私は一昨年の夏、此母の骨を埋めるために郷里に帰つた。過ぐる昭和十七年の夏、母の喜寿《きじゆ》を祝ふため、母が起臥《きぐわ》して居る郷里の弟の家に帰省した時、そのころ既に現役を去つて故山に退耕《たいかう》して居た石原莞爾《くわんじ》将軍が、一夜私を訪れて、母と三人で長く話し合つた。その二日後に私は母の喜寿《きじゆ》を祝つたのであるが、将軍は態々《わざわざ》使者に持たせて祝賀の手紙をくれた。その手紙の中で将軍は、自分にも八十二歳の老母があるが、昨年から中風で臥床、丈夫な時に孝養を尽さなかつたことを後悔して居ることとて、今日の祝は特に身に沁みて喜ばしいと書いてあつた。私が此の手紙を母に示すと、幾度も読み返した後、之は自分が蔵《しま》つて置くと言つた。私は此事を想ひ出して、先頃母の手箱から此の手紙を探し出して郷里から送つて貰つた。

さて、私が母親の骨を埋めるために帰郷した其日に、久しく病臥して居た石原将軍が、数日前からいよいよ危篤に陥り、家人は既に葬式の用意まで整へて居ると聞かされた。

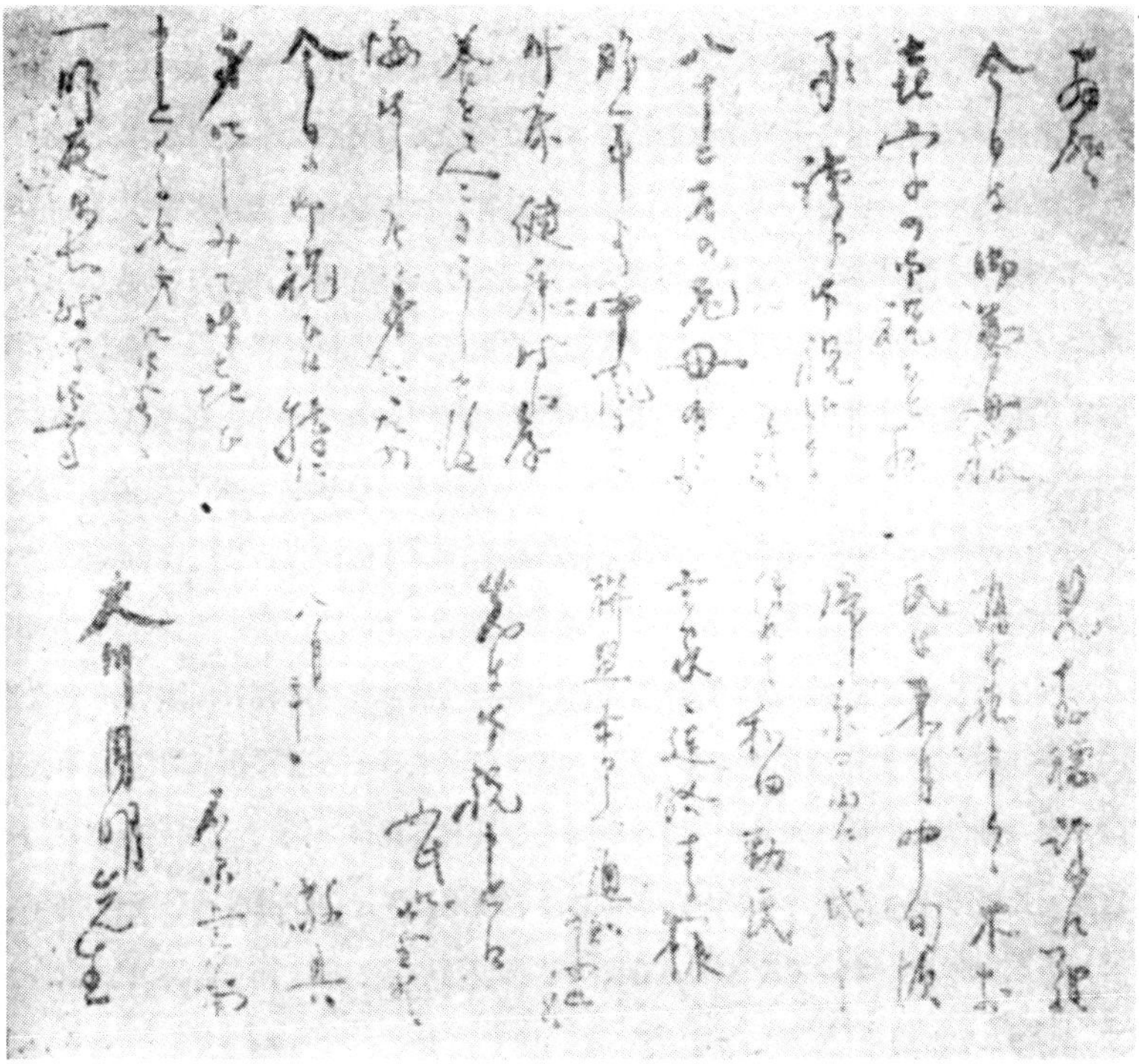

将軍は酒田から秋田街道を北へ約五里の松林の中に一茅屋《ぼうおく》を構へ、簡素極まる百姓生活を営んで居たのである。私は翌朝早速将軍の病床に駈けつけたが、面会しても話は数分間しか出来まいとのことであつた。私は長居をしては病人も苦しからうし、顔を見るだけで満足せねばなるまいと思ひ乍《なが》ら病室に入つた。見ると将軍は、からだを横《よこた》へると肺臓に水が溜つて呼吸が出来なくなるといふので、床の上に積み重ねた蒲団に凭《よ》りかかつて

居た。

将軍と相対して先づ私が驚いたことは、あれほど長い間、異常に苦痛を伴う病気に悩み続け乍《なが》ら、其顔には微塵《みじん》も暗い影がなく、実に穏かな微笑を湛えて居ることであつた。そしていたく私の来訪を欣《よろこ》び、決して瀕死の病人と思へぬ明晰《めいせき》な言葉で、いつもの通り話の筋道をてきぱきと運び、世界と日本の将来に対する透徹した予測、法華経についての深い理解を、それからそれと語りつづけて、前後実に四十分に亘つた。私は善知識の説法を聴聞する厳粛敬虔《けいけん》な気持で、殆《ほとん》ど一言もさしはさまず、唯だ将軍の一言一句に耳傾けて、之を吾肝《わがきも》に銘記した。語り終つて将軍は、其名のやうに莞爾《くわんじ》たる面持《おももち》で『日蓮聖人は還暦でなくなられ、私も聖人と同齢で往生するのは、まことに有難いことです。』と言つた。

一週間このかた、数分間話すと昏倒して来たこといふ《(ママ)》重病人が、四十分間も常人と変りなく話しつづけたといふことは、何と驚くべきことであらう。私も初めの間は病気に障《さは》りはせぬかと心配したが、説き去り説き来る将軍の話に聴き入るうち、いつしか瀕死の重態などといふことを忘れ果て、唯だ至心に耳を傾けた。それは生死を超脱した将軍の大安心の境地に、私自身も引込《ひきこま》れてしまつたからである。また周囲の者には、将軍が昏倒した時は全く意識を失つた状態のやうに見えたが、将軍自身の語るところによれば、この昏倒の間に法華経の真諦《しんてい》《しんたい》について深い理解を把握《はあく》し得たとのことであつた。激しい疲労のため、五官の活動は一時中止しても、将軍の異常な脳髄だけは、整然とその機能をはたらかして居たのであらうか。

将軍は『あの八月十五日で、私の此世の務めは終りました。それに私の生命は生理的に疾《と》うに尽き果てて居り、生きて居ても苦しいだけであるが、周囲の者が薬だの輸血だのと騒ぐので、此のからだを任せて置くのです。』と語つた。之は深草《ふかくさ》の元政上人《しやうにん》の臨終の時と、そつくり其儘《まま》の心境である。上人の臨終が迫つた時、側《そば》に侍して居た弟子の一人が『上人には最早大往生で御座りまするか。』と申上げると、上人は莞爾《くわんじ》として『もはや往かずばなるまいと思ふが、皆が泣くから、私も泣かずばなるまいかな。』と言ひ乍《なが》ら、『深草《ふかくさ》の元政坊《ばう》は死なれけり、我身ながらも憐れなりけり。』と一首詠《よ》んで、やがて間もなく遷化《せんげ》したと伝へられる。

私が将軍を見舞つたのは八月十三日であつたが、私との長い談話が将軍の生命の最後の躍動となり、越えて八月十五日、将軍が此世の務めは此日で終つたと言つた其の八月十五日早朝に、将軍は遂に大往生を遂げた。日本人が永遠に忘れることの出来ぬ日が将軍の命日となつたのである。私は、将軍の存命中に帰郷し、存分に大説法を聴聞《ちやうもん》し得たことを、亡き母の引《ひき》合せであらうと有難く思つた。

法華経による石原将軍の安心に連関して、直ちに私が想到《さうたう》するのは北一輝君のことである。北君が刑死を覚悟しての獄中の生活、並《ならび》に所刑前後の態度は、泰然自若の一語に尽きる見事なものであるが、かやうな安心が法華経の信仰によつて得られたものであることは、最愛の遺子北大輝君のために、獄中で読誦《づしよう》し続けた折本《をりほん》の法華経の裏に書き留めた、下の遺言が何よりの証拠である――

『大輝よ。此の経典は汝の知る如く、父の刑死するまで読誦《づしよう》せるものなり。汝の生《う》まるると符節《ふせつ》を合する如く、突如として父は霊魂を見、神仏を見、此の法華経を誦持《しようち》するに至れるなり。即ち汝の生れたる時より父の臨終まで読誦《づしよう》せられたる至重至尊の経典なり。

父は唯だ此の法華経のみを汝に残す。父の想ひ出《い》ださるる時、父恋しき時、汝の行路に於て悲しき時、迷へる時、怨み怒り悩む時、また楽しき時、嬉しき時、此の経典を前にして南無妙法蓮華経と念ぜよ。然らば神霊の父、直ちに汝のために諸神諸仏に念願して、汝の求むる所を満足せしむべし。

経典を読誦《づしよう》し解説し得るの時来《きた》らば、父が二十余年間為《な》せし如く、読誦三昧《づしようさんまい》を以て生活の根本義とせよ。即ち其の生活の如何を問はず、汝の父を見、父と共に活き、而《しか》して諸神諸仏の加護の下に在るを得べし。父は汝に何物をも残さず。而《しか》も此の無上最尊の宝珠を留むる者なり。

昭和十八《ママ》年（北一輝の刑死は昭和十二年）八月十八日　北　一輝』

北君は独りで居る時は必ず渾身《こんしん》の力を籠めた大音声で法華経を読誦《づしよう》して居た。そして此の一心不乱の読誦（読み仮名ルビあるが不明瞭）の間に、天来の声を心裡《しんり》に感得するのである。北君が死を目前に控えて如何に従容《しようよう》たる気分で居たかを示す証拠の一つは、片身として私に遺した品々である。其の一つは毛筆で巻紙に『大魔王観音』と大書した一枚である（次頁写真）。北君は、誰かを説得しようとする場合、まづ口から出放題に話を初める。其話には機智横

溢し、すばらしい警句が続出する。やがて話が進むにつれ、自分自身も其の嘘であることを忘れはて、真実を語る以上の情熱を帯び来る雄弁で、苦もなく聴者を煙に捲き去るのが常であつた。凡そ口下手な私は、いつも北君の摩訶不思議の話術に驚嘆し、まことに之は人力以上だと思つた。それで私は北君に向つて『世間に神憑《がか》りはあるが、君に憑《かか》るのは神様ではなくて悪魔だ。』と言つた。そして後には北君を『魔王』と呼ぶことにした。既に銃刑と決まつて所刑を待つばかりとなつた時に、一つ大川にからかつてやれと、戯《たはむ》れに書き遺したのが此の一枚である。生死巌頭でのかやうな遊戯三昧《さんまい》は、生死を超脱した人でなければ出来ぬ芸当である。

いま一つの片身《（ママ）》は、白い詰襟の夏服である。これは私との最初の会見を回想しての贈物であらう。私が唐津から貨物船に乗《のり》込んで密《ひそか》に上海に渡り、仏祖界の陋巷《ろうかう》に潜んで居た北君と初めて対面したのは、大正八年八月のことで、そのころ北君所持の着物は唯だ白い詰襟の夏服一着、洗濯屋に出す時は、洗濯が出来てくるまで猿又一つですまして居た。金があれば誰憚《はばか》らず贅沢《ぜいたく》を尽し、無ければ無いで平気で猿又一つになる。その双方が等しく無理でも不自然でもないのが北君の面目である。

私は石原将軍が最後に体得した日蓮宗の信仰を瀕死の病床で聴聞《ちやうもん》したのであるが、之を北君のそれと比べると、その内容に於て白雲万里の懸隔である。それは北極に住む熊が純白で、密林に住む熊が褐色であるやうなものである。色は違つても熊には相違ないやうに、信仰の内容は違つても、両人等しく大安心を得て死生を超脱して居たことだけは確実である。そして此の宗教的経験あるが故に、石原将軍は世の常の戦争技師には決して見られぬ風格を具へ、北君もまた所謂《いはゆる》革命業者とは截然《せつぜん》別個の風格を帯びて居た。表面に現れた言動だけによつて、革命家としての北君の功罪を論ずることは、設《たと》ひ十分ではないにしても可能ではあらう。併《しか》し北君の宗教的一面を正しく理解することなくして北君の人物を品評することは、盲人が色彩を云々するに等しい。偉大なる個人の場合、概ね人間そのものが其の事業より大きい。両人の場合また同然である。そして両人の生活に安楽を与へ、その人格に偉大を与へたのは、等しくその宗教的信仰である。

私は観音信仰による松井将軍の安心と、日蓮信仰による石原将軍の安心とを思ひ合せ、人生に於ける宗教の偉大なる力を今更のやうに感じた。そして近年絶えて接し得なかつた信仰の人を、二人の軍人に於て見たといふことも、私にとりては極めて意味深いものである。私は之を因縁として暫《しばら》く宗教について思《おも》ひを潜めることにした。私はそのために先づ私自身の宗教的経験を仔細に反省した。私は、吾母を念ずることによつて一生を安楽に暮らして来たのである。それ故に『汝は何《ど》うして安楽に暮らして来たか。』と問はれるなら、私は即座に『母を念じて暮らしたからだ。』と答へる。宗教は取りも直さず安楽の門である。そして私の場合は、母を念ずることが私の宗教であり、私のために安楽の門であつた。

四　私は何うして大学の哲学科に入つたか

母を念ずることが私の宗教であると言へば、恐らく合点のゆかぬ人が多いであらう。そういふ私自身が、長い間之を宗教と気付かずに居たのだから、他人が容易に納得せぬことに何の不思議もない。併《しか》し世間には私が吾母に対すると同じ感情を抱いて、父を其の宗教的対象として居る人もある。それを例示するために私は老友山口白雲君の文章を下に引用する――

『もう十年早く父に死にわかれて居つたならば、私は気ちがひになつて居たかも知れない。それほど私は父を思慕して居たといふよりも、感情のはげしい私にとつて、父そのものが唯だ一つの生命だつた。不具と言へば父ほどの不具は此の世界にそう多くはあるまい。四十幾つかでまづ両眼を失ひ、それに耳が非常に遠かつた。彼は壮年にして已《すで》に耳目二つながら失はれて居たのである。……修養と工夫とによつて地位とか人格とかを築き上げるといふことよりも、父はまづ生れたままの感情を以て自己を支配し、また活社会に当面した。……彼の生命は唯だ情である、その純情であり又詩情である。情に従ふところ、意固地《いこち》を張つても権勢に下らないと共に、またよく人を愛した。たとひすべてが失はれても情を重しとした。その純情である、私が父を好むのは、その感情の尊重である、私が父を慕ふのは、詩情ゆたかなその奔放である。私が父を生命としたのは、父は何の一事だもなして居ない。産を破つて一物だも残して居なかつたが、私は父の全部を信じ、またそれを仰いで居たのであつた。それで若《も》し二十台の血気旺《さか》んなころに、忽《こつ》焉《えん》として此父に死なれて居つたならば、多感な私はきつと気ちがひになつたであらう。』

これは山口君が、亡父籟風《らいふう》翁を追慕して、滝のやうに流した浄い涙を結晶させた数々の慕父篇のうち、『父とその死』と題する一文からの引用である。恐らく山口君は、籟風《らいふう》翁に対するその限りない思慕が、そつくりそのまま彼の宗教であることに気付かなかつたであらう。併《しか》し山口君が其父を慕ふ心は、私が吾母を念ずる心と同じく、まさしく宗教と呼ばるべきものである。一事を成さず、一物を遺《のこ》さぬ父に対して、『私にとつて父そのものが唯だ一つの生命であつた』と言ひ、また『私は父の全部を信じ、またそれを仰いで居た。』といふ心境は、まぎれもなく山口君の宗教的境地である。若《も》し私の宗教が悲母教とでも呼ばるべきものであるとすれば、山口君のそれは慈父教である。私は世間に沢山の悲母信者や慈父信者の居ることを信じて疑はない。

また師弟の関係が宗教的に結ばれることも決して珍しくはない。多くの人は気付いて居らぬが、私はその美しい一例として泉鏡花の尾崎紅葉に対する態度を挙げたい。森鷗外を追弔する短文の冒頭に、鏡花は下のやうに述べて居る――『森さん、鷗外さんでお話を申します――何をおいても先生と言はなければならないのでせうけれど、私には唯一人、紅葉先生がありますから、これは笑つて御免下さい、未だ曽《かつ》て誰方をも先生と呼んだことはありません。実は手紙を下さる時など、洒落にしろ、冗談にしろ、私如きを先生と言つてよこして下さる方があります。礼として此方からもお返しをしますのに、先生――としようと思つて、しばらく考へるのですが、何《ど》うしても紅葉先生に済まない気がして、つい何々――様で、失礼をして居るやうなわけですから。』

其師を尊ぶこと茲《ここ》に至れば、それはもはや恩師教とも呼ばるべきもので、紅葉先生は紛《まが》うべくもなく鏡花の宗教的対象となつて居る。私は中学生時代に鏡花を読み初めた。春風秋雨、爾来《じらい》四十余年の歳月が流れ去つた。そして私は今日なほ鏡花を好む。少年時代に感激を与へられた書物を追憶する時、私の胸には失へる楽園を思慕《しぼ》するやうな心が湧く。それは朗かな悲哀であり、楽しい憂欝であり、やるせない憧憬《どうけい》である。私は屢々《しばしば》この心に誘はれて、探し求めて懐かしい昔なじみの本を手にすることがある。併《しか》し曽《かつ》てはあれほど深い感銘を私の魂に刻んだ其本が、大概は些《いささ》かの感興をも惹《ひ》かぬものになりはてて居る。それは流れ去つた四十年が、中学生時代の私と今日の私とを、殆《ほとん》ど別人のやうに変へてしまつたからでもあらう。然るに鏡花の小説が今なほ私を楽しませるのは何故か。私は想ふ、紅葉先生を文芸の神と仰いだ鏡花は、其師の生前は言ふまでもなく、其の死後でも、常に自分の作品が恩師に嘉納されたいと祈願して居たに相違ない。昔の武士は『弓矢八幡も照覧《せうらん》あれ。』と念じて潔《いさぎよ》く戦つたのであるが、鏡花は屹度『紅葉先生も照覧あれ。』と念じて筆執《ふでと》つたことであらう。私がいつまでも鏡花を愛するのは、彼のこの宗教的情緒が彼の作品に一種の恭《うや》〳〵しさ又は虔《つつ》ましさを与へ、従つてそ（ママ）作品に神話的な美しさを与へて居ることが、強く私の心に訴へるためであらう。

世間にはまた親でも先生でもないあかの他人が、不思議な因縁によつて宗教的対象となることもある。私はその一例として明治時代の真宗の高僧、博多の七里恒順和尚に帰依《きえ》した一盗賊のことを挙げたい。この盗人が七里和尚のお寺に押入《おし》つた時、和尚は有金を残らず与へた上、丁度前日あがつた亡者の着物まで与へて、『有難う。』とお礼を言はせて立去《たち》らせた。

その盗人は其の後も方々で盗みをはたらいたが、悪運つきて遂に警察に捕《つか》まつた。そして取調べを受けた時、七里和尚のお寺に押《おし》入つたいきさつをも白状したので、和尚は警察に呼び出されたが、自分は盗難に遭つた覚えがないと言《い》ひ張るので、警察では盗んだ本人を和尚の前に連れて来た。すると和尚は、『盗人とはお前のことか。お前はいつぞや私のところにお金を貰《もら》ひに来て、有難うとお礼を言つて帰つた男ぢやなかつたか。』と言つた。

和尚のこの言葉が、電光の如く盗人の肺腑《はいふ》を貫いた。彼は思はず知らず平身低頭して『有難う御座いました。』と言つた。其の時彼の両眼に溢れ流れた涙が、実に一瞬の間に彼の心魂を奇麗に洗ひ浄めた。彼は長期の懲役を宣告されて下獄したが、七里和尚の有難さは、監獄に入つてからも弥増《いやま》すばかりだつた。朝々暮々、七里和尚を念じつづけた彼は、他人には苦しく悲しい獄中生活を、唯だ嬉しさ有難さで終始した。そして英照皇太后の御大葬の時、この模範囚人は大赦《たいしや》の恩典に浴して刑期半ばに出獄した。彼は直ちに七里和尚の許《もと》にかけつけてその弟子になつた。和尚はお寺の会計を彼に委ねた。彼は身を終へるまで一度の過ちもなく忠実にその役目を果たした。彼は七里和尚の弟子になつて真宗に帰依したのだから、あけくれ南無阿弥陀仏と唱へ暮らしたことであらう。併《しか》し彼にとりて一番有難い仏様は七里和尚であり、阿弥陀仏は七里和尚の姿をとりて彼に現れたに相違ない。

さて世間には私のやうに悲母教とも呼ばるべき宗教を信じて居りながら、それを宗教とは気が付かず、よそに信仰を求めて右往左往した者があり、またこの盗人のやうに不《ふ》図《と》した機縁で全く思ひも寄らなかつた法悦を味《あじは》ふ者もあるかと思へば、頭から宗教を否定して居りながら、自ら気付かずに熱心な宗教信者となつて居る者がある。私はその絶好の一例を昨年物故したハンガリーの老大統領に於て見た。一昨年十二月二十一日、スターリン満七十歳誕生日に、この大統領が述べた祝辞を読んで、私は其の中に漲《みなぎ》る宗教的情熱に一驚した。彼は実に下のやうに言ふ――『何と驚くべき高処に、彼スターリンは天翔《かけ》り居ることぞ。そこから彼は一切の人間と、地上一切の出来事とを照覧することが出来る。彼は殆《ほとん》ど人目の追ひ及ばぬほど高く天翔《か》けつて居る。それにも拘《かかは》らず吾々は、恐怖を退治し、人心を解放し、そしてマルクス秩序を創設した此の剛毅にして快活、聡明にして純真な人間を、いとも吾々の身近かに感じて居る。』

私は之を読んで、忽《たちま》ち観音経の観世音礼讃に想到した。天上にありて一切衆生《しゆじやう》と一切万事とを照覧し、同時にひしと一切衆生《しゆじやう》の身辺に寄添うて離れぬ者こそ、取りも直さず観世音菩薩でないか。また観音経に『この観世音菩薩摩訶薩、怖畏《ふゐ》急難の中に於て、能く無畏《むゐ》を施す。是故にこの娑婆世界、みな之を号《よ》んで施無畏者《せむゐしや》となす。』とある。恐怖の退治者とは即ち施無畏者でないか。また人心解放者とは観音経にいふ『能救世間苦《のうきうせけんく》』乃至《ないし》『滅除煩悩焔《めつじよぼんのうえん》』の妙智力者でないか。そして『マルクス秩序』とは、彼にとりては『此世ながらの極楽浄土』の異名であるから、その創建者スターリンは『火坑変成池』の大神通力者でなければならぬ。彼はもと大工や石工を振出しに、遂にハンガリーの大統領にまで立身出世した六十余歳の老人だと聞いて居るが、若《も》しこの六十翁の祝辞がその真情を吐露したものとすれば、そして私は確かにそうだと信ずるが、恰《あたか》も七里和尚が博多の盗人にとりて阿弥陀如来であつたように、スターリンは明《あきら》かにハンガリー大統領にとりて観世音菩薩である。それはスターリンに対する彼の態度は、人間同志の間に於ける尊敬の限度を遥《はるか》に超えて、超人間的なる者に対する宗教的崇拝となつて居るからである。

社会の総ての力を一人に集中させて、之に服従することを好むロシア人の民族性から考へて、スターリンが『生命の新しい太陽』と崇められ、その誕生日には到る処で『スターリンに光栄あれ。』と讃へられることに何の不思議もない。革命後約三十年を経たる今日のロシア人は、恰《あたか》も日本人が天皇に対すると同様の宗教的敬意を彼に対して抱いて居る。そして単《ひと》りロシア人だけでなく、他国の共産主義者もまたハンガリー大統領が然る如く、宗教的にスターリンを崇拝して居るとすれば、共産主義はまさしく共産教と呼ばるべきものである。それ故に共産主義者は、宗教はアヘンなりとしてその絶滅を期して居りながら、マルクス・レーニン・スターリンを三位一体の神と仰いで、いつの間にやら自ら宗教信者となつて居るのである。彼等の不惜身命《ふしやくしんみやう》《ふんやくしんめう》はその宗教的情熱に負ふものであり、彼等の極端なる排他的《はいたてき》精神は、吾仏のみ尊き宗教的心理から来るものとせねばならぬ。

今日の共産教徒は、初期の回教徒に酷似して居る。両者は共に宗教団体であると同時に、政治団体でもある。そして両者とも全人類の改宗を目指して邁往《まいおう》する。中国の共産主義化は、実に回教徒のスペイン征服に比ぶべきものである。若《も》し今後共産教徒が更に進出の歩みを進めて『ピレネ山脈』を越え来ることになれば、第二のトゥール・ポアティエの会戦が必至となるであらう。それにつけても想ひ起されるのは、アレキシス・ド・トクギルの驚くに堪えたる先見である。この偉大なる歴史家は、既に百年以前に下の如く予言した――

『いま二つの偉大なる国民の動きがある。両者は出発点を異にするが、同一目標に向つて進んで居る。それはアメリカ人とロシア人とである。自余の諸国民は、自然から彼等に与へられたそれぞれの限界内で効果的に行動して居るが、アメリカ人とロシア人だけは、向後《かうご》何処まで行進を続けるかを予測し難い。そしてアメリカ人は、その目標に到達するために、個人個人の理性の力に頼つて居るが、ロシア人は社会の一切の力を一個の人間に集注させて居る。一方では行動の主力として自由を択《えら》び、他方では服従を欣《よろこ》ぶ。出発点を異にし、道途も同じでないが、いづれも神の不可思議なる摂理によつて、いつかは世界半分の運命を決するに至るであらう。』

かやうに共産主義といふ新宗教が、全世界に向つて『剣か資本論か』と迫り、破竹の勢《いきほひ》で四方を風靡《ふうび》しつつあるにも拘《かかは》らず、日本の知識階級には宗教を過去の遺物と考へて居る人々が多い。それは恐らく宗教と言へば仏教や基督《キリスト》教のやうな既成《きせい》宗教のことと思ひ込んで居るためであらう。そして若《も》し此等の既成宗教だけが宗教と呼ばるべきものであるならば、之を過去の遺物とすることはあながち過言だとばかりも言へない。現に此等の宗教の信条や儀礼は、在来のままではもはや人間の宗教的要求に満足を与へ得なくなりつつある。多くの人々は、今や唯だ名目だけの仏教信者又は基督《キリスト》教信者となり、謂《い》はば風俗習慣として、在来の宗教的行事を自分の生活に取入れて居るにすぎなくなつた。

此事を例示するために、まづ私自身の経験を省みよう。私は曹洞宗の家に生れたが、仏教に対する信仰を家庭に於て養はれた覚えは更にない。少年のころから毎朝仏壇を拝むことを祖母に教へられたが、それは先祖の位牌を拝んだので、小供ごころに仏様とは先祖代々のことと思つて居た。私が二十八歳の時に父が長逝《ちやうせい》するまで、私の家では一度も葬式を営んだことがなく、また菩提寺は汽車の便利のないころに八里もさきの遠方にあつたので、お寺との関係も甚《はなは》だ疎遠《そえん》であり、毎年一回盂蘭盆会《うらぼんゑ》の時に和尚さんが姿を見せるだけであつた。そしてその盂蘭盆会も、専《もつぱ》ら祖先の追善供養のために行はれて居たのであるから、私の家の曹洞宗は、安心立命を求める仏教の一宗門といふよりは、むしろ上古から日本民族の根強い宗教であつた祖先崇拝に、仏教の衣裳を着せたものといふ方が適切であり、従つて私の一家は、名目は仏教信者でありながら、其実はまぎれもなき祖先教信者であつたと言ひ得る。

恐らくこれは私の一家だけのことでない。篤信な日蓮宗や真宗などの信者を除けば、多くの家庭でお寺に用事があるのは、唯だお盆と葬式の時だけであるやうに見える。若《も》し解決を要する物心いづれかの悩みがある場合でも、決して自家の仏壇には祈らず、また菩提寺にも詣《まい》らない。或《あるい》は浅草の観音様、或《あるい》は成田の不動様などに参詣して祈願を籠める。現に私の家内なども、私が巣鴨や松沢をうろつきまわつて居る間に、自分の部屋で毎日拝んで居る観音様では物足らず、度々浅草の観音様に参詣して、難病平癒・無事出獄などと、途方もなく無遠慮な祈願をかけたそうである。

浅草の観音様や成田の不動様は、謂《い》はば御利益《ごりやく》の百貨店みたいなもので、願事《ねがひごと》は何によらず叶へて下さるものと信ぜられて居るが、此等万能の仏様の外に、一業専門の仏様もある。例へば眼病を煩《わずら》ふ者は薬師如来に、安産を願ふ者は地蔵菩薩に参詣する。いまは知らないが、以前は砂村に専ら疝気《もんき》（疝気＝せんき）を治す名高い地蔵様が居つた。しかし斯様なことを仏様に頼むのは、お門違ひの無理難題を持込《もち》むものである。お門違ひといふことは非宗教的といふこと、取りも直さず迷信といふことである。眼病を煩《わずら》つた者は眼科医の門を叩くがよく、安産を願ふ者は助産婦に相談するがよい。仏様を医者や産婆のやうに取扱ふことは決して真実の信仰とは言へない。而《しか》も世間には之と同類の仏教信者、其実は非仏教信者、即ち迷信家と呼ばるべきものが沢山居る。かやうな方面だけを取上《とり》げれば、仏教は宛《あたか》も迷信の淵叢であるかのやうにも見える。

其上に仏教の正体は甚《はなは》だ摑《つか》みにくい。仏教には八万四千の法門、五千七百巻の経文ありと言はれ、幾多の宗派を其中に抱擁し、而《しか》も其等の宗派のうちには、名前は宗派であつても、実は一個独立の宗教と見るべきものが多い。例へば禅宗と真宗とは同じ仏教の宗旨とは言ひながら、猶太《ユダヤ》教と基督《キリスト》教、又は基督《キリスト》教と回教とが違ふよりも、一層甚《はなは》だしく相異して居る。もともと宗教現象は複雑怪奇であり、八重葎《やへむぐら》の繁ること、熱帯の密林にも似通つて居る。そして仏教のやうに長い歴史を有《も》つものは、その密林の千草万木の間に聳《たと》《そび》える老樹にも譬《たと》ふべく、其枝は縦横無尽に四方に伸び、其幹は十重《とへ》廿重《はたへ》にまつはる蔦蔓《つたかつら》に蔽《おほ》はれて居る。それ故に人は往々にして唯だその枝葉の欝密《うつみつ》に心奪はれ、又は纏綿《てんめん》する蔦蔓《つたかつら》にのみ目を注いで、肝心の根幹を看過しがちである。永嘉大師の証道《しょうどう》歌に『われ早年より学問を積み、また疏《そ》を討《たづ》ね経論を尋ぬ（ママ）、名相を分別して休むことを知らず、海に入り沙を算《かぞ》へて自ら困《くるし》めり。』とある。名相の分別は知識人の仕事であるが、若《も》し仏教の大海に飛び込んで、分別によつて仏教を知らうとするならば、屹度《きつと》永嘉大師と同様に、沙を算《かぞ》へて自ら苦しみ、而《しか》も大師のやうに如意珠を摑《つか》むまでの精進を続けかねて、概《おほむ》ね中道にして廃するやうになるであらう。

なるほど仏典のうちには般若心経のやうな簡潔無比の経文もある。般若心経は大般若経六百巻を僅々《きんきん》二百六十二字に縮めたもので、日本十三宗五十六派の仏教、みなその源流を之に発すると言はれて居る。全く般若心経は、悉《ことごと》く千枝万葉を剪除《せんじょ》し去つて、最も赤裸々に仏教の根幹を提示して居るには相違ない。併《しか》し此の経文は、初めて之を読む知識人にとりて、恐らく哲学的思索の対象となり得ても、宗教的信仰の手引とはなり難い。心経の二百六十二字、一層之を圧縮すれば『色則是空、空則是色。』の一句となる。単り仏教と言はず、私は一切の真実なる宗教の本質が、実に此の一句に表現され尽して居ると信ずる。併《しか》し之を色読することは、『深般若波羅密多』を行じたる者、即ち真実なる信仰を体得せる者のみが始めて能くするところである。それ故に般若心経を以て仏教の奥義を伝へるものとすることには何の異存もないが、未だ信仰に入らざる人々のための宗教入門としては決して適切でない。それは美人の髑髏《どくろ》にも比ぶべき経文である。この髑《どく》髏《ろ》は、之に皮肉を附し眉目《びもく》を添えれば、小野小町の華顔《くわがん》ともなるのであるが、そのままでは殺風景にすぎて、人々の宗教的情緒に訴へる魅力を欠く。ほぼ同様のことが大乗起信論其他のすぐれた仏教概論についても言へる。仏教が知識人の哲学的関心を惹《ひ》いても、その宗教的情緒に訴へぬ理由の一つは此点にあると思はれる。

私は前に述べたやうに曹洞宗の家に生れ、中学時代に大青巒（大内青巒＝おおうちせいらん）居士（居士＝こじ）や加藤咄堂《とつだう》居士（居士＝こじ）の仏教講演を聴いたけれど、私を宗教的に目覚めさせたのは仏教ではなくて基督教《キリスト》であつた。その次第は下の通りである。私は中学校の三年生の時から、郷里鶴岡天主公教会に聖職を奉じて居たマトン神父について、毎週三回フランス語を勉強した。このマトン神父は、『基督《キリスト》のまねび』の訳者内村達三郎氏が、その訳書の序文の中で、此の古典の飜訳は神父との『尊い霊的交誼《かうぎ》に浴し得たに動機を発したので、神父の深い敬虔《けいけん》に湧く愛の力に惹《ひ》かれて、私もまた此の原書の純潔崇高なる思想信仰に肖《あや》からうとしたのである。』と書いて居るその神父である。マトン神父は鶴岡から秋田へ、秋田から仙台へ、仙台から青森に転任されたが、内村氏が『基督《キリスト》のまねび』の飜訳に着手されたのは、神父が仙台在職時代のことであることを、私は其の序文で知つた。

もともと私は純然たる語学の勉強のために神父の許に通つたのであり、神父もまた決して信仰を奨《す、》めなかつたのであるが、私は自分に注がれた神父の深い慈愛に動かされて、いつとはなく基督《キリスト》教に心惹かれ、自ら進んで聖書を繙《ひもと》くやうになつた。私は聖書を読んで未だ曽《かつ》て経験せざる感激を与へられた。私は聖書によつて宗教的に目覚めさせられたのである。そして私は基督《キリスト》教に関する数々の書物を読み初めた。

私は中学校を卒《を》へてから熊本（熊本）の第五高等学校に入学した。明治日本のプロテスタント教の発展は、東では明治五年、即ち岩倉具視がヨーロッパで輿論《よろん》の痛撃に逢ひ、東京の政府に打電して耶蘇《ヤソ》教禁制の高札を撤去（撤去）させた其年に、横浜に最初の基督《キリスト》新教教会を創立した押川・熊野・本多・井深・植村の諸氏、西では明治九年、熊本郊外花岡山に会して一身を基督《キリスト》教に献げることを盟《ちか》ひ、次《つい》で挙《こぞ》つて新島襄《にひじまじやう》の同志社に来《きた》り投じた横井・金森・宮川・海老名・小崎の諸氏に負へるものであるから、熊本は基督《キリスト》教と因縁最も深い土地である。五高には、花岡山《くわかうざん》に因《ちな》んで花陵会と呼ぶ基督《キリスト》教信者の団体があり、私は花陵会員の数人と親しく交はつた。そのうちの一人西村卯君とは、四十年後の今日、なほ爾汝《じじよ》の交りを続けて居る。

また五高で一年から三年まで英語を教はつた遠山参良《さぶらう》先生は、アメリカで勉強して来たクリスチャンであつた。私は三年生になつてから、毎週英語で一篇の文章を書き、之を先生の自宅に持参して添削して頂いた。今から顧ると嘸《さ》ぞ厄介なことだつたらうと思はれるが、先生はうるさそうな素振《そぶり》も見せなかつた。五高の諸教授のうち、私が最も篤く師恩に浴したのは先生である。そして先生の夫人は基督《キリスト》教女性の典型ともいふべき慈愛と聡明とを兼ね備へた淑女であつたので、その家庭は極めて美しかつた。かやうに五高ではクリスチャンに私の師友が多かつた。

其上に私の同郷の先輩で、押川方義先生の東北学院を出た榊原政雄氏が、由緒ある草葉町の組合教会牧師として熊本に来任した。榊原氏は後に教界を去り、満洲で若干の富を為《な》してから、農場経営其他の仕事を始め、結局失敗せる事業家として一生を終つたが、私は私の同郷人のうち、榊原氏ほど豊かな天分に恵まれて居た人を知らない。氏は予言者的精神と、詩人的情熱と、英雄的気魄《きはく》とを生みつけられて居た。そして基督《キリスト》教信者となる前に、既に儒教《じゆけう》によつて訓練された荘内の武士《（ママ）》であつた。武士道《（ママ）》と基督《キリスト》教とを渾《こん》一《いつ》せる氏の信仰、その信仰を伝へる熱烈奔放《ほんぼう》な氏の特殊の雄弁は、私の魂の至深処《ししんしょ》に響いて強い感銘を与へた。氏の説教を聴くために日曜毎に教会に通ふことは、熊本での私の最大の楽しみの一つであつた。

いま一つ忘れ難いのは、此の草葉町教会で聴いた福田令寿氏のテニスンの『イン・メモーリアム』の連続講義である。福田氏はグラスゴー大学で医学を修め、熊本に帰つて開業して居た篤信者で、神秘的基督《キリスト》教とも呼ぶべきテニスンの信仰を盛れる『イン・メモーリアム』の講師として、まことに絶倫無比の人であつた。当時の福田氏の恭謙《きようけん》な態度、蒼白な顔、房々した漆黒の髪、人の魂に訴へる静かな優しい声は、今でも私の眼底や耳底に刻まれて居り、講義を聴いて居た時の粛《しめや》かな感動をありありと想起することが出来る。福田氏は今尚健在で、郷党の徳望を集めて居ると聞いた。氏は往年の草葉町教会でテニスンを講義したこと、その聴講者のうちに五高の学生が居たことは、恐らく今でも記臆して居られるであらう。併《しか》し其等の学生のうちに私が居たことは忘れはてたであらうし、まして私がこれほど深刻な印象を氏の講義によつて与へられて居るとは、夢にも想はなかつたことであらう。

私はかやうな雰囲気《ふんゐき》の中に居り、且《か》つ又イエスの人格と信仰とに対する憧憬《どうけい》を深めて行つたにも拘《かかは》らず、洗礼を受けてクリスチャンとなることが出来なかつた。それは私がポーロの基督教《キリスト》又はポーロ・ルッターの基督教《キリスト》を、そつくり其儘《まま》自分の信仰とすることが出来なかつたからである。多年に亘りて深く信仰の根を下ろして居るヨーロッパに於てさへ、在来の救済観、基督《キリスト》を神とする教義、三位一体論、贖罪《しよくざい》及《および》犠牲観、奇蹟、古い天啓観などは、決して基督《キリスト》教の最後の根柢でなく、進化の浪に洗ひ去らるべき衣裳にすぎぬと力説されて居る時に、何等の先入主なくして新たに基督《キリスト》教に接する青年にとりて、此等の信仰を其儘《まま》に受け容れることは不可能である。一切の外面的要素を取除いた後に、イエス自身の純一平明な福音が残る。そして福音そのものの中にも内面的部分と外面的部分がある。而《しか》も外部の覆面に蔽《おほ》はれながら、福音の至醇《しじゆん》な内面の光輝は到る処を照らして居る。若《も》し基督教《キリスト》が此の至極の一大事を忘れ、在来の信仰や儀礼に飽くまで執着するならば、仏教の場合が然る如く、恐らく知識人の宗教的要求を満足させぬであらう。

かやうにして私は基督教《キリスト》信者にはならなかつたが、中学時代に聖書によつて宗教的に目覚めさせられてから、初めて真剣に世界とは何か、人生とは何か、如何に世界と人生とに処すべきかを考へるやうになつた。私は少年時代から読書が好きであつた。それは少年の飢え渇《かは》くやうな知識欲を満たすためであつた。然るに今や世界や人生についての問題が、単純な知識欲からではなく、謂《い》はば全人的要求として私に迫つて来た。そのため私は中学の五年生の時に、大学では哲学を修める決心を極《き》めた。

この決心は痛く私の父を悲しませた。それは私の家が足利時代の昔から私の父の代まで、連綿《れんめん》として代々医を業とし、先祖の二三《にさん》は日本医学史の上に其名を留めて居るので、父は長男の私に是非とも家業を継がせるつもりで居たからである。若《も》し私がマトン神父にフランス語を学び初め、それが因縁となつて宗教や哲学に心を惹かれることがなかつたならば、私は父の希望通り医者になつて居たことであらう。

五　私は大学時代に何を勉強したか

さて私の高等学校・大学時代には、日本の思想家・哲学者と呼ばれるほどの人々は、概ね全力を欧米思想の紹介や祖述《そじゆつ》に傾け、其等の学者を包む雰囲気は、恰《あたか》も徳川時代の儒者が孔孟を崇拝したやうに、西欧特に独逸《ドイツ》哲学に対する尊敬の念に満ちて居た。従つて私のやうな正直な初心者は、自然この雰囲気に同化されて、真理は横文字の中にだけ潜んで居るものと思ひ込み、わけても近代独逸《ドイツ》の偉大な哲学者の群が林のやうに聳《そび》えて居るのを見ては、崇敬《すうけい》にも近い心を抱いて彼等の著書を繙いた。私は其等の学者に教えられること極めて多かつたのみならず、彼等の書物を読むことは、春の野辺に繚乱《りようらん》たる百花を摘《つ》み歩くやうなもので、読むこと自体は甚《はなは》だ楽しかつた。

併《しか》し私が大学の哲学科に入学したのは、決して学者になりたいためでなく、真実の宗教を求めるためであつた。私は西欧学者の書物を読めば真実の宗教とは何《ど》んなものかが判るだらうと考へ、哲学科のうちでも宗教学科を択《えら》んで、姉崎先生の下で人並に勉強した。併《しか》し本を読んでも宗教は見当らず、読めば読むほど五里霧中に迷つて、宗教とは何ぞいふことさへ解き難い謎になつた。例へばカントを読めば宗教は主意的なものと説かれ、ヘーゲルを読めば主知的《しゆちてき》なもの、シエ（ママ）ライエルマツヘルを読めば主情的なものとされて居る。そしてヘーゲルの如きは、シュライエルマッヘルが宗教の本質は絶対帰依《きえ》の感情にあると力説せるに対して、『果して然らば犬こそ無上の信神者で御座らう。』などと毒舌を弄して居る。

此等三人の大哲学者の説くところは氷炭《ひょうたん》相容《あひい》れぬものであるが、西欧哲学者の宗教論は、多少の相違こそあれ、此等三学者の所説の孰《いづ》れかと相通ずるものであるから、私は欧米に於ける宗教論を代表するものとして、三人の宗教論を略叙して置く。

まづカントは、宗教の根柢を人間の実践的要求に求め、宗教とは吾々の本務を神の意志として認めることだとして居る。カントに従へば、吾々は物の実体を知ることは出来ない。吾々が物を知るのは、吾々の心を通じて知るのであるが、吾々の心には物を理解する一定の形式がある。例へば物があれば其物の存在すべき空間と、その存在を継続すべき時間がなければならぬ。吾々は時間と空間とを離れて物を理解することが出来ないのである。然るに時間と言ひ空間と言ふのは、吾々の心に存する理解の形式に他ならない。人間以外の者には、或《あるい》はかやうな形式なしに、直ちに物の実体を知り得る者があるかも知れぬが、それは人間にとりては不可能のことである。また吾々は物に対して原因結果の観念を造る。この観念は吾々にとりて必然且《か》つ普遍《ふへん》なもので、之を直観と呼ぶのであるが、是亦《また》吾々の心の形式に他ならない。譬《たと》へて言へば糸を織つて布《ぬの》とする器械が、一定の運動によつて糸を化して布《ぬの》とするやうに、心もまた一定の作用によつて物を理解して之を観念とする。併《しか》し糸が直ちに布《ぬの》でないやうに、観念は直ちに物ではない。それ故は（ママ）吾々が知り得るのは、吾々の造つた観念で、直ちに物の実体ではない。従つて神・永生・自由などの観念も、吾々の思想を統一すべき主観的のもので、それが果して客観的に存在するか否かは、吾々の理性で論証《ろんしょう》し得るものでない。従来宗教の根柢たる神の存在を立証するために、種々なる方面から論証が試みられた。然るにカントは、総て其等の論証の成立し得ぬことを指摘し、知識によつて神の存在を論証し、之によつて宗教の基礎を築こうとすることが、そも〳〵根本の誤謬《ごびう》だとした。そして宗教の基礎は之を純粋理性却ち（即ち）理智の上に置くべきでなく、実践理性即ち意志の上に置くべきものとした。

カントに従へば、吾々の意志は、之を其の内容から云へば千差万別であるが、其の形式に於ては一切に通ずるものがある。それは即ち『為《な》すべし。』と『為《な》すべからず。』の二つである。この命令は取りも直さず道徳の根本であり、この命令を奉じて行動して居るのが人格である。それ故に至高《しかう》の善とは、自己の意志するところが、直ちに万人に対して律法《りつぽう》たるべき人格を築き上げることである。

さて道徳律の根本たる『為《な》すべし。』といふ命令は、絶対的・断言的のものであるから、この命令を実行するためには、之を為《な》さうとする自由意志と、且《かつ》之を為《な》し得る可能性とがなければならぬ。若《も》し之が無ければ道徳律は根柢なきものとなる。併《しか》し道徳律は人間の普遍的・必然的要求であり、決して無意義に終るべきものでない。従つて意志の自由といふことは、先験的《せんくてき》《せんけんてき》信仰の要求として必然のものとなる。そして若《も》し自由意志が信ぜられるならば、霊魂不滅並《ならび》に神の存在の信仰もまた必然のものとなる。蓋《けだ》し吾々の道徳的意志は善を求め、感覚的意志は幸福を求める。然るに善と幸福とは必ずしも一致しない。併《しか》し至高の善は両者の結合によつて実現されねばならぬ。而《しか》も左様なことは経験的には期待されない。そこで時間的存在を超越した人格、即ち不死の生命が信仰の要求となる。而《しか》もかやうな道徳的世界秩序が成立するためには、之を可能ならしめる最高《さいかう》理性《りせい》、即ち神の存在が信仰の要求となるのである。かやうにしてカントは自由と永生と神の存在とは、知的に証明し得るものでなく、唯だ道徳的要求によつて信ぜらるべきものとした。かやうにして宗教は吾々の本務を神の命令として総括したものの異名となり、道徳と宗教とは其の形式を異にするだけで、内容に於ては全く同一のものとされた。

カントが人間の知識的方面と実践的方面とを余りに苛酷《かこく》に区別したこと、そして実践的方面で形式と内容とを分立させたことは、宗教を道徳と同じく『意志の形式』だけに関係するものとなし、神の命令を内容ないものとなしたので、神は唯だ超然たる命令者となり、実際生活と切実なる関係なきものとなる惧《おそ》れがある。カントの此の二つの分離を調和するために、ハマン及びヤコービを代表とする所謂《いはゆる》信仰哲学が生れた。

信仰哲学に従へば、カントが吾々の知識的方面に於て、先天的の形式と後天的の内容とがあることを明《あきら》かにしたのは正しい。併《しか》し此等の両者が相結んで出来るのが吾々の『経験』である。そしてこの経験から生れる世界は、カントが言ふやうに仮相《かさう》ではなく、吾等は之を実相《じつさう》として信じて居る。吾々の一切の生活や行動は、この信仰ありて初めて可能となる。この形式と内容との結合は、吾々の意識に直接且《かつ》根本的な事実で、之を信仰と呼ぶのである。この道理は之を吾々の宗教的生活に及ぼしても、毛頭《もうとう》戻《もと》るところがない。吾々の意志を支配する命令と、之によつて生ずる行為とは堅く相結《あひむす》ばれて居る。吾々は神命を神命と感じて之に従ひ行ふのである。命令が事実となりゆく働きは、根本的には感情である。宗教の根本は、それ故に直接に神の命令を感ずることに在る。かやうにして信仰哲学は、カントが専ら意志を主とするに対して、宗教に於て感情の重んずべきことを主張した。

ハマンやヤコービによつて唱へられた此の主情的傾向を、最も鮮明に且《かつ》徹底的《てつていてき》に力説したのはシュラィ《(ママ)》エルマッヘルである。彼が三十二歳の時に公けにした『宗教についての講演』は、独逸《ドイツ》神学のために新時代を開き、其後六十七歳で世を終へるまでの教師・学者としての精進は、一般精神界は勿論《もちろん》のこと、教会の上にも、国家の上にも、深甚なる感化を及ぼした。私もまた独逸《ドイツ》哲学者の誰よりも宗教についてはシュライエルマッヘルに学ぶところ多い。

シュライエルマッヘルの思想の特徴は、宗教を行為と知識とから解放し、宗教は神に対する敬虔《けいけん》な感情によつて成立つものとなし、従つて最も重きを個人の宗教的経験に置いた点にある。彼にとりて宗教の本質は敬虔《けいけん》である。そして敬虔は知識に属するものでなく、まさしく感情である。それ故にシュライエルマッヘルは、カントが宗教を人間の道徳的要求から理解しようとしたのに対して、道徳から独立した特殊の地位を宗教に与へた。彼に従へば宗教とは、或《ある》る教理を信ずることでもなく、成る儀式を守ることでもない。宗教は有限者の無限者との一致の感情である。彼の壮年の頃の言葉によれば、宇《う》宙《ちゅう》即ち無限者に対する直観であり、後年の名高い言葉によれば、絶対帰依《きえ》の感情である。彼の考へるところでは、教理や儀礼は四季の衣裳が代るやうに変るけれど、絶対帰依の感情は変ることがない。吾々が無限者に頼りて生き、動き、在ることを感ずるところに、宗教の真実の故郷がある。かくて一切の宗教は、その纏《まと》へる衣裳の千差万別なるに拘《かかは》らず、等しく普遍なる根柢の上に立つて居る。

シュライエルマッヘルの宗教論で最も注意すべきことは、彼が宗教を以て全く主観的なものとしたことである。一面では知識から、他面では行為から宗教を区別して、彼は宗教を以て全然客観的事実並《ならび》に儀礼から独立せるものとした。神人に関する教義《けうぎ》や教義の体系は、決して宗教ではない。又は個人的・共同的に行はれる所謂《いはゆる》宗教的行為の集合が宗教でもない。其等は宗教が結んだ果実や枝葉であつて、宗教の最後の根は、自分が自己以上の或者《あるもの》に依存して居るといふ純一な感情に他ならない。若《も》し人ありて、自ら自己以上の或者《あるもの》に帰一して居るといふ感情を抱くならば、その或者《あるもの》が客観的実在たると否とを問はず、其人は立派に宗教的な人である。それ故に宗教の研究とは、崇拝の対象を研究することではなく、宗教的人格そのものの研究、その宗教的感情の起原及び発達の研究となる。かやうにしてシュライエルマッヘルは、宗教研究を哲学から心理学の領《りやう》域《ゐき》に移した。今日の宗教心理学は、シュライエルマッヘルの労作の直接の結果ではないが、宗教を哲学と道徳から解放し、個人の宗教的経験を高調し、宗教の主観的方面を力説したことが、宗教心理学といふ新しい学問のために基礎を置いたことは疑ふべくもない。

シュライエルマッヘルと時代を同じくして独逸《ドイツ》に出で、彼と相並んで思想界の双璧《さうへき》と讃へられ、等しく一世の景仰《けいぎやう》を受けながら、彼とは全く異なつた立場から宗教を観じて、同じく当代の精神界に甚深な感化を与へたのはヘーゲルである。彼の思索《しさく》には著しい特色がある。彼は之によつて従来の宗教哲学者が成就し得なかつたことを成就した。彼は彼以前に既にレッシング並《ならび》にヘルデルが捉へた『発展』といふ概念に基いて、最も雄渾《ゆうこん》な哲学を組織し、絶対的精神の実現的発展という体系の中に宗教を摂《せつ》し、更に宗教其者の概念の実現的発展といふ思想によつて、各宗教に階級的地位を与へ、一切の宗教は、同一の目的に向つて進みながら、且《かつ》互に内面的必然性を以て関連しながら、一個の発展史的序列を成して居ることを説明した。

ヘーゲルに従へば、絶対者は一切の差別を超越したもの、従つて現象を超越した物自体ではない。絶対者が現象を生じ、生命を与へ、運動を起すのでなく、現象・生命・運動其者が取りも直さず絶対者である。絶対者又は実在とは、具体的普遍性を有する全体の発展過程そのものであり、一切の現象は実在其者の活動である。而《しか》もヘーゲルによれば絶対者は理性であるから、謂《い》はゆる物と心の働きには、根本的に何等の相異もなく、両者に働く法則は、唯一不二である。従つてヘーゲルに於ては、思惟《しゐ》と存在とが帰一されて、『すべて存在するものは理性的であり、すべて理性的なるもののみが存在する。』ことなる。

さてヘーゲルによれば、一つの思想は必ず之と正反対なる思想を潜在的に胚胎《はいたい》する。この潜在的思想が顕在的《けんざいてき》となれば、茲《ここ》に矛盾した二つの思想の対立となり、そして此等の両思想は一段高い思想に統一されて、以前の矛盾は融解される。この第三の思想も、また之と正反対な思想を生み出し、それが更に新しい綜合を促して、最高の思想に向つて一段々々と進んで往く。かやうに正・反・合と進み往くのが、思想発展の必ず履み行くべき径路である。この法則は思惟《しゐ》の法則であるが、ヘーゲルによれば絶対者は理性即ち思想であるから、この弁証法は単に人間思想の発展の法則であるのみならず、また宇宙発展の法則でもあり、従つて心界も物界も、共にこの論理的順序を以て不断に開展して居るのである。このためにヘーゲル哲学は、世界を論理化したものと言はれる。彼は其の遺著『宗教哲学講義』に於て、この根本思想から宗教を説明した。

ヘーゲルは、精神は主観的・客観的・絶対的の三段階に開展するものとした。主観的精神は、個人精神が初めは肉体其他の自然的環象《くわんしやう》の支配を受けて、本能、衝動《しようどう》・情慾等に制せられる状態から漸次《ぜんじ》発展して、他人の自由も承認し、自分の盲目的自由を制限して、自分以上の意志即ち一般的意志に服従するに至るまでの弁証法的発展を遂げる。この一般的意志が即ち客観的精神である。客観的精神は律法・道徳・人倫と開展し、人倫は更に家族・社会・国家の三階段に開展する。そして主観的精神と客観的精神との更に高い綜合が絶対的精神であり、茲《ここ》に精神は一切の矛盾から完全に自由となり、主観と客観、表象と対象、思惟《しゐ》と存在、有限と無限の対立分裂は止揚され、無限者は有限者の本質として認識される。この最高反対の融和、又は有限者に於ける無限者の知識は、三つの型を取つて現れる。直観の形式を取るものは芸術、感情及び表象の形式を取るものは宗教、思惟《しゐ》の形式を取るものは哲学である。そして絶対者は理性であり、その発展は論理的であるから、思惟の形式を取る哲学は、最もよく絶対者の本質に合致し、従つて理性発展の絶頂である。

かやうにして宗教は芸術・哲学と共に絶対的精神の開展であり、三者に於て絶対者は自己認識に達するが故に、宗教は其の本質に於て『神の知識』又は『神の自意識』である。唯だ宗教的意識は感情を以て始まる。神は端的に感情に現れるから、吾々は神の何たるかを知らずに神の存在を感ずる。併《しか》し感情其者には内容もなく価値もない。之に内容を与へるためには、考へねばならぬ。神を知るとは、単に之を感ずることでなく、之を考へることである。それ故に宗教は其の最高の段階に於て知識である。彼は言ふ『思想及び概念の場合、吾々は共通の基礎に立つて居るが、感情の場合は人々《にんにん》個々《ここ》によつて違ふ。汝は此事が面白からうと言はれても、否《い》や面白くないと答へることが出来る。加之《しかのみならず》感情は人間が動物と共通に有《も》つて居るものである。神が本質的に思想の中に存在することは、思惟する人間には宗教があり、思惟せぬ動物には宗教がない事実によつて知ることが出来る。』と。

ヘーゲルは弁証法的に宗教が最も本原的な形式から最高の宗教に開展し行く階段を明《あきら》かにしようとした。彼は東洋の宗教と希臘《ギリシヤ》の宗教と基督《キリスト》教とを発展史的に論じ、第一のものでは無限といふ観念が支配して人間は無となり、第二のものでは人間が人間の終局対象となり、第三のものに於て無限は有限の内に、即ち神は人間の意識と世界の過程《くわてい》との内に抱擁《はうよう》されたものとして認識されて居る。併《しか》し基督《キリスト》教の教義は、絶対者の永遠の進行を表象的に朧気《おぼろげ》に現はして居るにすぎないから、宗教は一層高い段階に進まねばならぬ。それが取りも直さず哲学であり、哲学は概念の形式に於て絶対者を現はすものである。それ故に絶対者は哲学に於て最も完全なる自已（自己）認識に到達すると。

私が初めてヘーゲルを読んだ時は、十分に納得は出来なかつたけれど、成程左様でもあらうかと思つたが、其後印度《インド》哲学を勉強し、また大乗《だいじよう》仏教を玩味するやうになつてから、東洋の宗教では無限のみが高調されて、人間が無に帰して居るといふ断案は、彼の不完全なる印度《インド》研究から来た間違つた独合点《ひとりぶたい》であることを知つた。印度《インド》の婆羅門《バラモン》が既に奥義書時代に於て『我即ち梵』と道破せることは、ヘーゲルの謂《い》はゆる『有限者の本質として無限者を最も明確に認識せるもの』でなければならぬ。仏陀の『天上天下唯我《ゆゐが》独尊《どくそん》』また同然である。其上に婆羅門《バラモン》教は言ふまでもなく、法相・三論・天台・華厳などの仏教諸宗は、ヘーゲルの絶対者即ち『真如』を、或《あるい》は認識論的に、或《あるい》は形而上学的に闡明することに主力を傾けて居るから、ヘーゲルの立場からすれば、之を宗教といふよりは寧《むし》ろ『絶対者の本質と合致する思惟《しゐ》の形式』を取るもの、即ち哲学と呼ばねばならぬこととなる。オットー・プフライデラーは、明治日本の基督《キリスト》教界に強い刺激を与へた独逸《ドイツ》神学者であるが、思想の流れをヘーゲルに汲んで居るので、宗教と形而上学《けいじじようがく》とは一致するものだと主張して居る。

かように哲学者の宗教論は十人十色であるが、それは哲学では哲学者其人と学説との間に密接不離の関係があり、その学説には哲学者の個性が鮮明に表現されるからである。科学は決して個性の介在を許さぬ純客観的な認認であるが、哲学は学者の個性を通しての認識であり、その宗教哲学は結局哲学者自身の宗教を理性に飜訳せるものと言ひ得る。従つて其の哲学者と異なる宗教的経験を有《も》つて居る人々には、その宗教論も納得出来ぬものとなる。

宗教学は宗教哲学と異なり、純然たる客観的認識であり、従つて十人十色の学説があるべき筈《はず》はないのであるが、私の大学時代は此の学問の草創時代であり、宗教についての学者の定義さへまち〳〵であつた。殊に当時の西欧には婆羅門《バラモン》教や仏教について深い研究を積んだ学者が少なかつた上に、基督《キリスト》教が最高の宗教であるといふ観念に無意識に左右されて居る者が多かつたので、その学説は十分に私を納得させなかつた。例へばティーレはマクスミュラーと相並んで近代宗教学の創立者と呼ばれる和蘭《オランダ》の碩学《せきがく》であるが、その『古代宗教史研究』の中で、原始仏教は宗教でないという大胆不敵な断案を下して居る。それはティーレが『宗教とは神と人との関係なり。』と定義して居るからである。ティーレは仏陀が神を説かなかつたといふ理由で、その初転法輪《しょてんはうりん》を何の未練もなく宗教の埒外《らつぐわい》に放逐し、原始仏教は一個の倫理運動だときめつけたのである。そしてティーレは、仏教は仏陀なき後の弟子達か、其師の本旨に背いて仏陀を神と仰ぐやうになつたので、遂に一個の宗教となつたのだと言つて居る。果して然らば『仏とは何だらぼうし柿のたね、下駄も仏も同じ木のはし。』などと空嘯《そらうそぶ》く禅宗坊主を、如何にティーレは処分するだらうか。

序《ついで》にもう一人の西欧学者の例を挙げる。それは独逸《ドイツ》歴史学派の重鎮であつた宗教学者ブセットである。ブセットはティーレのやうに仏教を宗教でないとは言はないが、仏教は神の思想を有《も》たぬ例外の宗教だとして居る。例外とは全体を支配する法則に当てはまらぬものといふことである。従つて例外なるものが全体に於て占める地位は、おのづから第二義的のものとなる。仏教は無尽蔵ともいふべき宗教的宝庫であるのに、之を例外の宗教などと無雑作に片付けたのは、ブセットの目に映じた仏教は『不幸にも仏陀の深刻な宗教的経験と、その未熟な哲学的思索の集合体。《（ママ）》』にすぎなかつたからである。そしてブセットが仏陀の哲学的思索《しさく》を未熟と断定した理由は、仏陀が最も重大な諸問題に対して『同時に然《しかり》とも否《いな》とも答へた。』からである。それはブセットに従へば、仏陀が『完全な懐疑論者《くわいぎろんしや》』であつたことを証拠だてるものである。

同時に然《しかり》とも否《いな》とも答へること、却ち（即ち）非有非空・亦有亦空と言ひ、乃至《ないし》は色即是空・空即是色と言ふことは、暫《しばら》く言語を藉《か》りて仏教の極意を哲学的に表現したものであり、之を色読体達することが信心の極致とされて居るのに、ブセットは之を懐疑論者の言草と見るのである。文殊菩薩が維摩《ゐま》《ゆいま》居士（居士《こじ》＝）に『不二法門とは何ぞ』と問ふた時、維摩は『黙然無言』であつた。文殊菩薩は此の一黙を嘆称《たんしよう》して止まなかつたのであるが、若《も》し質問者がブセットであつたとすれば、維摩の一黙は彼が彼の質問に答へ得なかつたためだとするであらう。総じて之に類する西欧学者の宗教学は、決して私を満足させなかつた。

唯だ吾国の南条博士（ママ）や高楠博士（ママ）の師匠であり、古代印度《インド》研究の開拓者であつたマクスミュラーの学説は、設《たと》ひ学術的に指摘さるべき欠陥があるにしても、その宗教に関する数々の著書の総てを貫き流れて居る精神が、強く私の心の琴線《きんせん》に触れた。其頃私が読んだ西欧学者の書物のうちで、宗教的に最も与へられるところ多かつたのは、マクスミュラー及びシュライエルマッヘル二人の諸著である。

さて私は書物の中に宗教を探しまわると同時に、大学では諸先生の講義を聴いた。講義のうちで深い宗教的感銘を与へられたのは、波多野博士の『基督《キリスト》教の起源』であつた。私は聡明にして厳格な牧師の説教を聴聞《ちやうもん》する敬虔な気持で此の講義を聴いた。姉崎先生の『根本仏教』の講義は、秀《ひい》でて見事な仏教入門であり、私の其後の仏教研究のために有難い津梁《しんりよう》となつたが、聴講中に宗教的感興の湧いたことはなかつた。前田慧雲老師の天台の講義は、今尚《な》ほ忘れ得ぬ楽しい思出であるが、これは講義そのものよりも、老師の人品風格から自然に発する芳ばしい香が私を楽しませたので、私は教室で老師の前に坐する毎に、常に薫風《くんぷう》に浴する思ひがした。教室で其の風丰《ふうぼう》（風丰）に親炙《しんしや》するだけで心が愉《たの》しくなるのは、私の大学時代では老師とケーベル博士の二人であつた。

　また私は西洋哲学や、仏教や基督《キリスト》教については、高等学校時代から書物を読んで若干の知識を得て居たが、印度《インド》哲学の門を初めて私のために開いてくれたのは、大学での高楠先生（高楠順次郎）の講義である。印度《インド》精神は既に仏教を通じて古馴染《ふるなじみ》であるに拘《かかは》らず、私には全く新しいものに思はれた。それは同じ人間でも、衣裳や化粧によつて見違へるほど姿が変ると同じである。私は極めて新鮮なる興味を以てドイセンの『一般哲学史』、オルデンベルクの『吠陀《はいだ》《ヴェーダ》の宗教』・『梵書の世界観』・『奥義書の教説と仏教の起源』などを次々に読み耽《ふけ》つた。わけてもマクスミュラーの英訳『奥義書』と其の『古代梵文学』は最も私を欣《よろこ》ばせた。

それにつけて想ひ起されるのは高楠先生の親切である。私は大学に入つた年の暮に健康を害し、伊豆の大島で静養することにした。私は入学と同時に学び初めた梵語の勉強だけは大島滞在中も中止したくなかつた。其頃は邦文で書かれた梵語入門がなく、大学では文法は高楠先生が口授し、訳読には先生自身が編んだ梵文《ぼんぶん》読本が用ゐられて居た。私が大島で梵語《ぼんご》の勉強を続けたいと話すと、先生はマクドネルの梵語文典（文法書）初歩が恰好だらうと奨めて下された上に、是非とも記憶せねばならぬ要処々々に記しを付けてやると言はれ、私が丸善から買つて来たマクドネルの本を自宅に持帰り、数日後に肝心のところに赤インキで丁寧《ていねい》に常規をあててアンダーラインして私に返して下された。定規を当ててアンダーラインする。この丁寧《ていねい》さが実に高楠先生の学風であつた。先生の学問は広汎《くわうはん》に亘つたが、その研究の態度は線を引く時に必ず定規をあてるやうに精密堅確であり、如何なる問題をも決して苟且《かりそめ》には取扱はなかつた。当時私と一緒に梵語を学び初めた同期生は僅《わずか》に四人、また先生の印度《インド》哲学を聴講する学生も十数人であつたから、教室は恰《あたか》も私塾の如く、先生の指導も極めて懇切であつた。私は高楠先生の学風を偲《しの》び、また永く師恩を忘れまいために、此時のマクドネルの梵語文典を、四十余年後の今日まで大事に蔵《しま》つて来た。

さて印度《インド》精神は既に吠陀《ヴェーダ》《はつだ》時代に、逸《いち》早く万象の背後に潜む一如を把握し、次で奥義書時代に至りて『我は即ち梵 Aham brahma asmi』『汝は即ち其れ Tat tvam asi』といふ金剛不壊の真理を証悟《しょうご》して居る。正統印度《インド》の精神的要求は、実に此の真理を現実の生活の上に実現するといふこと以外にない。百花繚乱たる印度《インド》の哲学宗教は、精緻なる論理と周到なる実修とによつて、如法に人間の理智と情意とを鍛練し、一切の不完全を脱却して自我を完成し、かくして梵に帰一することを窮意《きうい》（窮竟の誤植か）の目的とする点に於て、悉《ことごと》くその嚮《むか》ふところを一にする。かやうにして印度《インド》の教法は、数へるに遑《いとま》なかるべき諸多の法門に分れて居るとは言へ、総じて解脱を理想とせざるはない。

印度《インド》の思想は深遠にして而《しか》も豊麗である。想像は雄渾《ゆうこん》にして而《しか》も繊細である。論断は大胆にして而《しか》も緻密である。信仰は煩瑣《はんさ》にして而《しか》も綜合的である。それは印度《インド》の自然の甚《はなは》だしい複雑と、深刻なる対立と、湿潤《しつじゆん》なる熱気とを鮮明に反映するもので、人をして直ちにヒマラヤ連山の荘厳、カンジス《(ママ)》沃野の豊満、テライ叢林《そうりん》の欝密を想はしめるものであり、私は一身を印度《インド》哲学の研究に献げ、古の婆羅門《バラモン》のやうな生涯を送りたいと思ひ詰めたことさへあつた。そして当時私の魂の渇きを癒やす汲みて尽きざる聖泉は、最も簡潔に正統印度《インド》の精神を要約せる薄伽梵歌《はくかぼんか》であつたが、私がこの古典を珍重することは今も昔に変らない。

かやうにして私は余念なく印度《インド》哲学の研究に没頭した。大学を出てからも別に職を求めることもせず、多くも要らぬ衣食の資を参謀本部の独逸《ドイツ》語飜訳でかせぎながら、毎日大学図書館に通つて居た。然るに印度《インド》哲学に関する私の深い興味は、現在の印度《インド》並《ならび》に印《イン》度《ド》人をも知りたいといふ念《おも》ひを、いつとはなく私の心に萌《きざ》し初めさせた。大正二年の夏のこと、私は一夕の散歩に神田の古本屋で、不図《ふと》店頭に曝《さら》されて居るサー・ヘンリ・コットンの『新印度《インド》』を見つけた。私はコットンの為人《ひととなり》も知らず、また此本が世に名高い著作であることも知らず、唯だ書名が『新印度《インド》』とあるのに心惹《ひ》かれ、求め帰つて之を読んだ。『等閑に一釣を垂れて、驚起す碧潭《へきたん》の竜。』と言ふが、かりそめに求めた此の一冊の本のために、私は全く予期しなかつた方向に生涯の歩みを進めることになつた。

私は此本を読むまで、現在の印度《インド》について殆《ほとん》ど何事も知らなかつた。私は唯だ婆羅門《バラモン》鍛練の道場、仏陀降誕の聖地としてのみ、自分の胸裡に印度《インド》を描いて居た。然るにコットンの本は、真率《しんそつ》飾りない筆致で、偽《いつは》るべくもない事実に拠つて、鮮明深刻に印度《インド》の現実を私の眼前に提示してくれた。此時初めて私は英国治下の印度《インド》の悲惨を見た。私は現実の印度《インド》に開眼して、それが私の脳裡に描かれた印度《インド》と、余りに天地懸隔せるに驚き、悲しみ、且《かつ》憤つた。私はコットンの本を読み終へてから、図書館の書庫をあさつて現代印度《インド》に関する著書を貪《むさぼ》り読んだ。読み行くうちに、単《ひと》り印度《インド》だけでなく、茫々たる亜細亜《アジア》大陸、処として西欧の殖民地乃至《ないし》半殖民地ならざるなきを知つた。私は印度《インド》から更に進んで亜細亜《アジア》諸国の近代史を読み、亜細亜《アジア》問題に関する書物を読んで、欧羅巴《ヨーロッパ》の亜細亜《アジア》制覇の経緯《けいゐ》、亜細亜《アジア》を舞台とする列強角逐《れつきやうかくちく》の勢を知らうと努めた。そして斯様な研究は、更に私を導いて近世欧羅巴《ヨーロッパ》殖民史及び殖民政策の研究に専念させるやうになつた。

私の友人のうちには、私の転向を邪道に踏込んだものとし、須《すべから》く第一義の参究に復帰せよと諫《いさ》めてくれた者が少くなかつた。それでも私の心は、もはや塵外《ぢんぐわい》に超然として瞑想思索を事とするに堪えなくなつた。私は亜細亜《アジア》酸鼻の源泉は、私が求めたやうな出世間的生活を希《ねが／こいねが》ふ心そのものに在ると思ひ初めた。亜細亜《アジア》殊に印度《インド》は、至高の真理を把握して、内面的・精神的自由を体得するために不退転の精進を続けて来た。而《しか》も亜細《アジ》亜《ア》は、その把握せる真理を社会的生活の上に実現するために主力を注がなかつた。その必然の結果は、内面的・個人的生活と外面的・社会的生活との分離を招ぎ、そのために一面には精神的原理の硬化、他面には社会的制度の弛廃を来たした。亜細亜《アジア》は先づ此の二元的生活から脱却して、妙法を現世に実現する大乗亜細亜《アジア》とならねばならぬ。そのためには吾々の社会的生活、その最も具体的なものとしての吾々の国家的生活に、吾々の精神的理想に相応する制度と組織とを与へねばならぬ。私は斯様《かやう》に考へた。かく考へたから私は、最も広汎な意味での政治の研究に深甚なる興味を抱き初めた。私が宗教と政治とに間一髪を容れぬマホメットの信仰に心惹かれたのも此頃のことであつた。かやうにして書物を読んで宗教の本質を究めようとした私の努力は、ふとしたことから私の生涯を転向させる機縁となり、哲学や宗教に関する書物は暫《しばら》く私の机上から影を隠すことになつた。

六　押川方義先生と八代六郎大将

私の大学時代に、松村介石先生が基督《キリスト》教から独立して『道会』といふ新しい宗教団体を組織し、信神・修徳・愛隣・永生の四綱領を掲げて伝道を始めて居た。私は中学時代に先生の『立志の礎』や『修養録』を読んで感興を湧かしたことがあるので、道会に入会して日曜毎に説教を聴き、一時は『道』といふ道会の機関雑誌の編輯を引受けたこともある。松村先生は宗教家といふよりは道徳家又は道学先生と呼ぶにふさはしく、従つて私は先生から宗教的に啓発されたことは殆《ほとん》どなかつた。唯だ道会員となつたために押川方義先生（おしかわ・まさよし。一八五一／二年生、一九二八年歿。キリスト教宗教家、教育家。東北学院及び宮城学院の創立者。日本文化のアジア進出を考え、キリスト教界、政財界人の協力で、一八九四年大日本海外教育会を興し、朝鮮に京城学堂を設立。衆議院議員当選二回）を知り得たことは、私にとりて全く思ひがけない幸福であつた。

押川先生の名を天下に高からしめたのは、云ふまでもなく仙台の東北学院である。私は東北の生れである上に、郷党の先輩の中に前に述べた榊原政雄氏を初め多くの熱烈な先生崇拝者が居たので、中学生時代から既に先生の名声を耳にして居た。而《しか》も機縁容易に熟せず、先生の謦咳《けいがい》に接することを得なかつたが、道会に入会してから頻繁に先生に親炙《しんしゃ》することとなつた。それは先生が松村先生の後援者として道会に協力し、屢々《しばしば》松村先生に代つて説教もされたからである。此頃の先生は最早謂《い》はゆる宗教家でなく、また一時志されたと聞く事業家でもなく、実に一個の国士として世に立たれて居た。そして極めて幸福な事情のために、私は宗教・教育・政治・外交の諸方面に亘り、具《つぶ》さに先生の意見を拝聴することが出来た。其等の意見は其の都度之を筆記して、十数回に亘って雑誌『道』に発表した。先生長逝の後、私は其等の諸篇を更《あらた》めて、再読三読し、今更の如く先生の荘厳なる魂を讃嘆せざるを得なかった。

私は先生に接する毎《ごと》に、まづ其の雄渾《ゆうこん》なる気魄《きはく》に打たれた。何となく偉大なものが、磅礴《はうはく》（広くみちふさがる様。広大で限りない様）として先生の衷《うち》に漲《みなぎ》つて居るやうに感ぜられた。先生の言行は総て大がかりで、何でも彼《か》でも堂々として居た。煙草一本吸ふのでも、天地を呑吐《どんと》する風情《ふぜい》あり、茶漬一杯食ふのでも、世界を平げる意気込があつた。先生のかやうな大きい輪廓は、もとより天稟であつたに相違ないが、あのやうな人格は鍛錬の結果でなければ出来るものでない。とかく天賦の大きい人物は刻苦鍛練を怠りがちであるから、動《やや》もすれば茫漠《ばうばく》として捕捉し難い人間となる。面白味はあるが至極の一物が欠けて居るので、何となく物足らぬところがある。然るに先生の人物が、あの偉大を以てして、茫漠ではなく堂々として居たのは、その偉大なる器《うつわ》に雄渾《ゆうこん》な宗教的信仰をを（ママ）充たして居たからである。

私が云ふまでもなく、先生は基督《キリスト》によつてその霊性を喚《よ》び覚まされ、東北学院に拠つて基督《キリスト》教を説いて居たころは、正に日本基督《キリスト》教界の第一人者たるの観があつた。而《しか》も私が教を受けた当時の先生は決して所謂《いはゆる》クリスチャンではなかつた。言換えれば基督《キリスト》教といふ宗旨の信者でなかつた。わが信ずるは宗教其者で宗派ではないとは、私が幾度か先生から聴いた言葉である。先生は斯《か》う言はれた――『自分は基督《キリスト》教徒でもあり、仏教徒でもある。同時に基督《キリスト》教徒でも仏教徒でもない。若《も》しナザレのイエスや印度《インド》の仏陀が、自分に向つて汝は吾が弟子であるかと問ふならば、吾は即座に然りと答へる。併《しか》し当代の牧師や僧侶に向つては、吾は汝等の徒でないと答へる外はない。わが宗教は生命の自由、生命の独立、生命の充実を確保し、真理と善行と美とを慕ふ力を与へるものである。イエスの魂を見よ。わが欲するもの総て具備して其衷《そのうち》にある。仏陀の魂また同然である。わが宗教は区々たる信条や煩瑣《はんさ》な儀礼の中にあらず、唯だ無限と連なる生命の衷にある。この生命吾に流れ入りて、知性に発しては叡智《えいち》となり、意志に発しては徳操《とくさう》となり、感情に発しては慈愛となる。無限と連なるが故に宗教的生活には善悪なく、美醜なく、大小なく、高下もない。それ故に宗教は大安心であり、無上安穏である。』

先生はまた『天来の声』と題する説教で、下のやうに述べて居る――『天来の声は取りも直さず神の声である。特に天来の声と言ったのは、神の声といふ言葉に伴ふ疑問や聯想を避けるために外ならぬ。若《も》し神の声と言はば、諸君は必ず如何なる神の声ぞと問ふであらう。神とは神道の八百万《やほよろづ》の神であるか。然らば其等の神々の叫ばれる御声の孰《いづ》れに聴くべきか。又は仏教で説くやうに天地一切悉《ことごと》く仏なりとすれば、その万有神の御声を何処で如何に聴くべきか。又は基督《キリスト》教の説く独一の神の御声であるとすれば、其神は如何なる神なるかを第一に知らねばならぬ。然るにわが神の声は、神道の神々、仏教の諸仏、基督《キリスト》教の独一神の如き先づ解釈を必要とする神の声でない。わが神は人間の神学と儀礼とに彩《いろど》られた神でない。かく言へば余りに漠然として、左様なる神の声は、その発する所を知り得ないと言ふかも知れぬ。併《しか》しわが神は決して捉へ難い神でない。何物よりも確実に、何者よりも明白な神である。その神の声は一切を含む声である。在りとし在らゆるものから出る声である。単に君父よりの声に非ず、単に仇敵よりの声に非ず、単に同志よりの声に非ず、其等の総てよりする声である。一言にして尽せばわが神は宇宙の精神其者、万有に澎湃《はうはい》たる生命そのものである。わが神の声は此神より来る声である。従つて其声は決して人間の発する如き声でない。鼓膜に響く声でない。神の声を聞き、神の業《わざ》を視るためには、発せざる言《ことば》に聴き、為《な》さざる行に見ねばならぬ。神の声は歎喜にも、憤怒にも、悲哀にも、快楽にも響き、興国の際にも、亡国の際にも明《あきら》かに響いて居る。禅宗は隻手《せきしゅ》の声を聴き、無弦の琴を弾くと説くが、隻手《せきしゅ》の声、無弦の琴を聴き得ないやうな者は、到底最上界の消息に通じ得ぬものである。そして此の天来無声の声こそは、実に宗教の本原である。此声に随順《ずゐじゆん》する生活こそは、実に宗教的生活である。神道、仏教、基督教《キリスト》、此等は皆な宗派であつて宗教でない。自分は決して此等を軽蔑はしない。併《しか》しわが信ずる所は宗教其者であつて宗派ではない。わが宗教は神と人との徹底せる帰一である。神人合一、これが宗教の全部である。自分は敢て既に之を得たとは言はぬが、求め希《ねが／こいねが》ふところは断じて此外《このほか》にない。』

また下の説教は、宗教と道徳との関係を示唆して適切である。――『宗教は宇宙の生命を観得して、之に随順《ずゐじゆん》し帰一することであるから、本来無上安楽の法門である。併《しか》し何ものも価を払はずに買ふことは出来ない。山上四顧の眺を縦《ほしいまま》にするためには、嶮難《けんなん》な山路を登らねばならぬやうに、宗教的風光を味《あじは》ふためにも、また気息絶えなんばかりの精進を必要とする。絵は見れば足り、音楽は聞けば足る。万人が万人、自分で絵を描《か》き、音楽を奏する必要はない。併《しか》し宗教に於ては、自ら其の観た通りのものにならねばならぬ。単に宇宙の生命を観得しただけでは決して真の宗教でない。その観得せる生命に帰一することによつて、初めて宗教の真意義が発揮される。そして不退転の精進によつて生命に帰一すればするほど、それだけ宇宙の生命を一層よく観得するやうになることは、恰《あたか》も山を登る場合に一歩毎に眼界が開けて行くと同様である。吾々が不屈不撓《ふたう》に登り往く間に、脚《あし》は次第に坂路に慣れ、目は漸《やうや》く山容を会得し、疲れず亦《また》迷はずに、四囲の風光を楽しみながら、精神的高嶺の絶頂を摩することが出来るであらう。』

押川先生の説教は、その内容に於て私にとりて耳新しいものでなかつた。併《しか》しそれが先生の魂の底からの声として私の耳に響く時、私は其の言葉通りの信仰に生きて居る人間を確実鮮明に目睹《もくと》し得たのである。私は先生が明治初年横浜でジエームス・バラの神学校に学んで居た時、日本政府の迫害甚《はなは》だしく、基督《キリスト》教徒を残らず縛り上げるといふ噂まで立つたので、バラは学生一同に向ひ、便宜を計つてやるから早くアメリカに逃げよと勧めたのに対し、先生が直ちに起《た》つて『捕縛は愚か、入牢でも斬罪でも甘《あまん》じて受ける』

と言つて、ジェームス・バラを感泣させたことを聞いて居た。また新潟で基督《キリスト》教迫害が激化し、宣教師が九死一生で逃げ帰つた時、先生が『然らば私が死にに往く』と言つて、敢然北越に向つた話も聞いて居た。また仙台で遺書を認《したた》めて山中に入り、吾若《も》し基督《キリスト》のために死する能はずば吾を生かしめ給ふ勿《なか》れと熱禱《ねつたう》を献げたことを聞いて居た。同じく仙台で祈禱《きたう》の部屋として居た一室の畳が、先生が祈禱《きたう》の際に流した涙のために腐蝕して居たといふ話も聞いて居た。そして私自身が、天に禱《いの》りて涕涙双頬《ているいさうけう》に流れ、嗚咽《をえつ》禁ぜざるに至りし晩年の先生を目撃した。私はカントやヘーゲルの『描ける宗教』を書物で読むよりも、遥に深刻なる感動を、『活きたる宗教』ともいふべき押川先生に親炙《しんしや》することによつて受けた。

　私は多くの基督《キリスト》教徒が、先生を堕落した宗教家と呼ぶのを聴いた。併《しか》し私自身としては、生涯に親炙《しんしや》した先輩のうち、先生より熱烈にして敬虔《けいけん》な信神者を見なかつた。若《も》し基督《キリスト》教界が先生を異端者とするならば、それは先生が堕落したのではなく、日本基督《キリスト》教其者の堕落に外ならない。また先生は晩年に政治家として活動されたが、代議士としての先生は殆《ほとん》ど為《な》す所なくして了《をは》つた。而《しか》も私は之を以て先生に政治家としての資格がなかつたためであるとは思はない。先生こそは世に稀なる経世家であつた。それにも拘《かかは》らず議会が先生をして活躍の余地なからしめたとすれば、それは疑ふべくもなく日本の議会が腐敗し堕落して居たからである。先生を知るほどの人は、皆な非常な希望と期待を先生にかけ、何等か偉大なる事業が先生によつて成されねばならぬやうに考へて居た。而《しか》も先生は東北学院創立以外は、殆《ほとん》ど一事を成すことなくして世を逝《さ》つたのである。それ故に三宅雪嶺翁は、先生を出来損《そこな》ひの傑作となし、造物主《ざうぶつしゅ》が世に稀なる偉人を造るつもりで、何処かに手抜かりがあつたのだろうと言つた。

私は先生を偉人の出来損《そこな》ひとは思はない。人は其の事業よりも大である。此世に於ける仕事の大小は、決して人間の価値を定める最後の標準でない。従つて押川先生が大業を成さなかつたとしても、それは先生の偉人たることを妨げるものでない。吉田松陰は何事を成したか。学者としても、文人としても、将又《はたまた》武人としても、決して異常の事をして居らぬ上に、志は一として蹉跌《さてつ》せざるなく、遂に刑辟《けいへき》に斃《たふ》れたではないか。而《しか》も明治維新に対する松陰の功業は、所謂《いはゆる》元勲諸公をして顔色なからしめる。私は思ふ、南洲や海舟も単なる事業の人でない。そして其の真面目は却《かへ》つて事業のために蔽《おほ》はれて居る。人間の真個《しんこ》の偉大は実に其魂にある。偉大なる魂は、総ての偉大なるものの源である。プラトンが言つたやうに『総ての善と悪とは魂に基き、其処から流れ出でて身体其他全人に及ぶ。』のである。価値の最大なるものは内的価値、即ち魂に属する価値である。私は押川先生に於て一個荘厳なる魂を見た。この魂は之に接する総ての人々に至深の感激を与へた。現に私自身も先生の魂によつて終生忘れ難き感化を受けた。

道会の後援者には押川先生の外に村井知至先生が居た。村井先生は安部磯雄・岸本能武太両氏と同志社の同窓で、当時から安部氏の宗教は常識教、岸本氏のは理屈教、村井氏のは神秘教などと言はれて居たそうである。村井先生も後に基督《キリスト》教会から離れ、私の知つたころは外国語学校教授として専《もつぱ》ら英学者として知られて居た。先生は常に下のやうに言はれて居た――『私は先天的宗教人として生れて来たので、宗教を離れては何の趣味もない。併《しか》し宗教と言つても今の私の宗教は基督《キリスト》教でも仏教でもない。君の宗教は何かと問はれても返事が出来ない。文字に書けば制限がつく。言詮《げんせん》に上すことの出来ないのが宗教である。併《しか》し宗教ほど吾々に近いものもない。何ものでも一皮むけば宗教である。所謂《いはゆる》一物として天ならざるなしである。苟《いやし》くも敬虔《けいけん》な気持で人に対し物に対することが出来れば、其処に即ち宗教がある。』道会が次第に形式化し、押川先生の所謂《いはゆる》『宗派』たらんとするに及んで、押川先生は次第に道会に遠ざかり、村井先生も遂に松村先生と袂《たもと》を別《わか》つに至つたが、先生の教を受けることが出来の（ママ）も、道会に入つたお蔭であつた。

私はまた道会を通じて八代六郎海軍大将（やしろ・ろくろう。一八六〇年生、一九三〇年歿。海軍軍人。一九一四年発足の第二次大隈内閣海相として、シーメンス事件で辞職した首相山本権兵衛・海相斎藤実両大将を予備役に編入し、海軍の威信回復につとめた。一九一八年海軍大将。のち軍事参議官、枢密顧問官。男爵）夫妻を知つた。大将は道会の会員ではなかつたが、松村先生の説教を聴くために稀に姿を見せた。その大将が、不図《ふと》したことから私の一身上の問題に乗出《のり》して、屡々《しば〴〵》私を自宅に呼び寄せるやうになつた。私が初めて訪ねたのは、大将が軍事参議官の時であつたが、間もなく予備役《よびえき》に編入されて閑散の身となつたので、私も頻繁に八代家に出入するやうになつた。そして一身上の問題は纏《まとま》らなかつたが、此事があつたために私は大将夫妻と並々ならぬ親密な間柄となり、後には生みの親同様の慈愛に浴することとなつた。

予備役《よびえき》になつた当時、大将は麻布《あざぶ》笄町《かうがい》に住んで居た。家賃の高い最中で七十円の家だから、極めて簡素な借家であつた。後に拝領の御下賜金で、小石川原町の操子夫人の生家小野家の屋敷の西南隅に、初めて自分の家を建てた。此家もまた簡素至極なものであつた。三畳の玄関には『無欲則所行簡』といふ、大将の一生を其儘《まま》七字にした徳富淇水翁揮毫《きがう》の扁額《へんがく》が掲げられて居た。玄関を上ると西南が廻椽《まわりえん》になつて居て、八畳の次間《つぎのま》と、其奥に八畳の座敷があり、南椽《えん》の尽きるところに六畳の書斎がある。其外には次間と背中合せの東向の六畳の茶間と、女中部屋があるだけである。大正十年のこと、旧藩主徳川候爵（侯爵。以下同）夫妻が外遊された時、当時尋常四年の世子を大将に托することになつたが、家が手狭《てぜま》で世子の居室がないので、候爵《(ママ)》家で大将の書斎に続く一棟《むね》を建て添えた。一年の後に候爵《(ママ)》夫妻が帰朝したので、世子は両親の膝元に帰つた。世子が帰邸すると、大将は直ちに建増した座敷の引取方を求めた。候爵《(ママ)》は其儘《まま》にして置いて使用するやうに頼んだけれど、大将が頑《ぐわん》として聴きいれないので、候爵《(ママ)》家では止むなく之を毀《こは》《こぼ》ち去つて引取つた。それで元通りの家となつた。まことに質素を極めた住居であるが、考へて見れば之が当り前のことである。大将は軍人や役人が大邸宅を構へることは、何《ど》うしても理解の出来ぬ話だと言つて居た――『物も食はず、着物も着ず、空気も碌《ろく》に吸はぬやうにして生きて来たとしても、そう〳〵金の溜まる法はないからね。』

大将が予備になるまで、夫人は大将の収入を知らなかつたそうである。大将は自分で決めた毎月の生活費を夫人に渡し、これでやれと言ふだけであつた。どうせ沢山渡す筈《はず》はないから、夫人の苦労は一《ひ》と通りでなかつたに相違ない。海軍大臣時代の或《ある》月などは、たつた三十四銭しか残つて居ない月給袋を夫人に渡したことさへあつた。大臣官邸でも、夫人は女中を一人使ふだけで、一切の事は自ら立《た》働《ち》いて居た。予備になつてから初めて大将は一切の収入はこれ〳〵であるから、それで今後は切盛りして行くやうにと夫人に言渡したのである。

私は大将の家庭のつつましさと美しさとを示す一例を挙げたい。それは大正二年（一九一三年）大将が舞鶴鎮守府司令長官に補せられて赴任した時の話である。当時各軍港には将校婦人会といふがあり、司令長官夫人を会長に推戴することになつて居た。大将が舞鶴に赴任すると、新会長推戴のため将校婦人会総会が開かれた。当時は第一次世界戦の好景気に伴ふ奢侈《しやし》時代で、将校夫人連の衣裳も華美を競つて居た。然るに操子夫人は木綿の紋付を一着に及んで出席し、次のやうな挨拶を極めて謙遜《けんそん》な態度で述べた。『あなた方の御召物に対し、私の衣類は甚《はなは》だお粗末で、奇を衒《てら》ふやうにも当り、誠に心苦しい次第であるが、実は私にはこれ以上の身なりは出来ないのであります。まづ主人の俸給は幾《いく》何《だ》、其うち公共事業への寄附や、元の部下の方々の子供をお世話する学費や、其他にも色々の費用が要るので、立流（派立）な衣服を調《ととの》へる余裕は本当にないのです。』綺羅《きら》星のやうに着飾つて居た夫人達も、この挨拶には恐縮し、それ以来婦人会の気風も一変した由である。

大正十四年夏、大将は九州巡講のために西下したが、暑熱の最中に連日長時間の講演を続けた上に、激しい揮毫《きがう》責めと宴会責めのために福岡で発熱就床するに至つた。病気は一応愈《なほ》つたが、此時から大将の健康は頓《とみ》に衰へ、病臥の日が多くなつた。その長い病気の間、看護は全く夫人によつて為《な》され、一人の看護婦の手さへ煩はさなかつた。三年越の病床に在りながら、床ずれ一つ出来ぬほど、手当は善く行届いた。食欲が減退してからは、何か喰べられるものはないかと、千々に心を砕《くだ》かれた。真ごころを面《おもて》に現して大将をいたわる夫人の有様は、妻といふよりは寧《むし》ろ慈母のやうであつた。大将は自分の死期を知り、死ぬ時は無一物になつて死ぬと言ひ、生前贈与を受けた数々の書画刀剣などは、『お蔭で一生楽しませて頂いた。』といふ感謝の挨拶と共に、悉《ことごと》く贈主に返すやうに申渡した。併《しか》し何一つ残さず世を逝《さ》つた後に、夫人は何《ど》うなるかといふ心遣《づか》ひは大将にもあつたに相違ない。臨終の一週間ほど前のこと、或《ある》朝大将が苦しそうにうなされて居るので、夫人が驚いて呼び覚ますと、『ああ今のは夢であつたか。お前がぼろ〳〵の着物を着て居るのを見て、実に気持が悪かつた。』と言はれた。夫人は事もなげに『私が無精《ぶしやう》して膝のすれ切れた着物など着てお掃除して居るのを見苦しくお思ひなさつて居られるから、そんな夢を御覧になるのでしやう。本当に済みませんでした。今度は気を付けますから勘弁して下さいましね。』と言つて慰められた。夫人は私に向つて『後に残る私のことを心配して下さるからですよ。』と言はれた。誰がこれを聞いて涙を誘はれずに居られよう。

大将が操子夫人を迎へたのは、大将が江田島海軍兵学校副官を勤めて居た時である。夫人は小野邦尚の女で、小野家は小野派一刀流の祖小野次郎左衛門の末裔《まつえい》と言はれ、邦尚は沼津藩水野家の剣道師範であつたが、後に築地の海軍兵学校で剣道と漢文とを教へ、兵学校の江田島移転後も剣道教師を続けた。結婚式を東京で挙げ、父に伴はれて江田島に往き、大将の官舎に入つた新夫人は、家の中には飛白《かすり》の単衣と兵児帯一本と袴が壁にぶら下つて居るだけで、実に奇麗に片付いて居るのを見て、大将が几帳面《きちょうめん》な整頓家であることを心密《ひそ》かに欣《よろこ》んだ。然るに実はそれが大将の持物全部であつた。世帯道具は同僚の教官から借りて居たのだが、花嫁が来るなら邪魔だらうと言つて、貸主の方で皆な引《ひき》取つて了《しま》つたから、家中空々《くうくう》寂々になつて居たのである。これには私も驚きましたとは、操子夫人が私に語つた思出話である。無一物の海軍大尉に嫁入り、海軍中将舞鶴鎮守府司令長官夫人となつても木綿の紋付を礼装とし、枢密顧問官男爵夫人となつても膝のすれ切れた着物で自ら椽側《えんがわ》のふき掃除をし、無類の勝気を勘忍の袋に納め、無比の聡明を謙遜の衣で包み、唯だ一心に大将に事《つか》へた操子夫人の一生は、夫婦の道を全うすることによつて最も見事に天に連なれる宗教的生活であつた。

八代大将は、明治九年県の選抜生となり、坪内逍遥氏及び他の六名と共に東京に出で、官立学校の入学試験を受けることとなつた。大将は海軍兵学校を志願したが、若《も》し落第したならば、新門辰五郎の許に走つて俠客になる覚悟であつたといふから、坪内博士が言ふやうに『少壮の頃は随分短気で、むかつ腹を立てる癖《ママ》。』があつたらしいと思はれる。その精悍《せいかん》勇猛の気象は、大将の爛々《らんらん》たる眼光に現れて居た。併《しか》し私が知つてからの大将は、読書修禅の結果であらう、平素は深く鋒鋩《ほうぼう》を包んで、温乎玉《をんこたま》の如き風格を具へて居た。現に私の如き、今にして想へば申訳ない吾儘《わがまま》のみ多かつたが、たつた一度、ふとした事で骨身に徹するほど叱り付けられた以外に厲《はげ》しい言葉をかけられたことがない。晩年の大将は、その性格の慈悲仁愛の方面が濃《こまや》かに現れて、会ふ毎に溢れる情味に浴するばかりであつた。明治末年、練習艦隊で南米に行つた時、メキシコから連れ帰つたペリコといふ鸚鵡《あうむ》は、無人《ぶにん》な大将の家庭の美しい一員であつた。二十年来飼ひ馴れて大将や夫人や女中にまでよくなつき、大将はいつも優しい声でペリコ・ペリコと呼んで居た。そのペリコが亡くなつた時は、大将自ら懇《ねんご》ろに庭先に埋葬し、水を手向《たむ》けて経文を誦《しよう》した。ひとりペリコのみならず、庭先の雀にまで毎朝餌を与へて可愛がつて居た。

剛真廉潔の士と言へば、概ね窮屈な人が多い。然るに大将は、あれほど潔白であり、また硬骨でありながら、些《いささ》かも窮屈なところがなかつた。その言行は行雲流水の如く自然であり、赤子の如く天真爛慢（漫爛）であつた。妙に勿体ぶつたところなど、薬にしたくもなかつた。そして豪放磊落《らいらく》にも拘《かか》はらず、何事にも細心で、常識が豊かであり、粗暴なところは微塵もなく、非常に礼儀正しかつた。私の如き者が参上してさへ、辞去する時は必ず玄関まで送られ、畳の上に端坐して傍のペリコを顧み、『ペリコ、さようならですよ。』と言ひながら鄭重《ていちよう》に挨拶された。手紙の文句も極めて丁寧《ていねい》で、宛名は屹度『大川仁兄大人』としてあるのに、私はいつも恐縮した。

西郷南洲は少し際立つた人物に会ふと、直ぐ『実に偉い人だ。』と感服して、自分などは遠く及ばぬと言つたそうである。真個《しんこ》の英雄に恐らく共通なる此の感服癖は大将にもあつた。大将は一芸一能の士には皆な感服したと言つてもよい。常陸山と義兄弟の盃を交はしたのも其の一端である。学者でも、技術家でも、宗教家でも、苟《いやし》くも其の言行に取柄があれば、大将は等しく之を推重《すゐちよう》した。中には如何《いかが》はしい人物が舌先三寸で大将を感服させることもあつた。併《しか》し大将の無欲にして澄んだ心は、晩《おそ》かれ早かれ人物の真贋《しんがん》を看破したから、長く大将を欺《あざむ》き通すことは出来なかつた。天稟《てんぴん》すでに恵まれたる上に、幾たびか死生の間を出入し、磨くに六十年の文武両道を以てしたのであれば、大将が希有の人格を鍛え上げたことに何の不思議もない。大将は少将の頃から仏教の研究を始め、海軍大臣時代には『法華坊さんの八代海相』と新聞に書かれたほど、法華経の熱心な信者であつた。また海相を辞めた時は居を京都東山の真如堂前に卜《ぼく》して座禅三昧にも入つた。そして此頃から日本古典の研究にも歿頭（頭没）し、筧克彦《かけひかつひこ》博士《（ママ）》の古神道に傾倒して居た。併《しか》し大将もまた押川先生と同じく、宗派の信者ではなくして宗教其者の信者であつた。私は八代大将に於ても活きた宗教を見た。

それ故に大将の臨終は実に大丈夫の最期であり、まさしく大往生と呼ばるべきものであつた。逝去の前日大将は『俺は無一物になつて死ぬ。』と言つて、誰に何を与《や》れ、誰に何を返せと指図した。それから養子の五郎造氏に向つて、筆と紙とを持つて来させた。五郎造氏が其通りにすると、声高く遺言を読み上げて之を書取《かき》らせた。それは大将の養父逸平氏が大将に与えた遺言で、それを其儘《まま》大将から五郎造氏への遺言としたのである。書取《かき》つたのを読ませて一々誤りを正した上、『それでよし。』と首肯《うなづ》かれた後、極めて厳粛に斯《か》う言はれた——『俺は生命の源に帰つて往く。俺は在るやうに在つた。俺の生涯は赤裸々露堂々である。俺は唯だ無限の感謝とお詫びをして此の世を去る。』そして翌日正午近く、両陛下から賜《たま》はつた見舞の葡萄《ぶだう》酒一打《ダース》が病床に届けられた。大将は仰臥《ぎやうぐわ》したまま合掌して天恩を謝した。殆《ほとん》ど一個月食餌を摂らず、衰へ果てて上げ下ろしさへ容易でない両手を、暫《しばら》く打上げて合掌する大将の悲壮にして荘厳な寝姿は、今日尚《な》ほ鮮明に私の脳裡に刻まれて居る。すると夫人が恭《うやうや》しく恩賜の葡萄酒《ぶだう》を大将にすすめた。それを頂き終つて大将はまた合掌した。そして口と手真似で並居る人々にも頂戴せよと合図されたので、一同順々に有難く杯を頂いた。大将は杯を押戴《おしいただ》く一人々々に挨拶された。それから約一時間後に大将の偉大なる魂は天に帰つた。

私は大学の講義や図書館の読書では、自分が求めた宗教的なるものを掴《つか》めなかつたけれど、道会に入会したことによつて学校や図書館では得られなかつた貴いものを与へられ、魂の渇きを愈《いや》すことが出来た。考へて見れば不思議な話で、もと〳〵道会の会員となつたのは松村先生を導師と仰ぐためであつたのが、先生からは殆《ほとん》ど教へられるところなく、却《かへ》つて後に道会から遠ざかつた押川・村井の両先生、わけても押川先生によつて私の霊性の扉が開かれた。また私は八代大将とも道会で知り合ひ、深い関係も私の一身上の問題から始まり、その問題は不調に終つた代りに、私と大将夫妻とは親子もただならぬほど親密に結ばれるやうになつた。押川先生並《ならび》に八代大将に親炙《しんくわ》《しんしや》し得たことは、私の生涯に於ける最大の幸福のうちであるが、それは私が全く予期しなかつた賜物である。私は松村先生から多く得るところなかつたが、若《も》し先生の道会が無かつたならば、私は押川先生に師事する幸福に恵まれなかつたかも知れない。八代大将の場合も同然で、私が道会の会員とならず、また一身上の問題が起らなかつたとすれば、恐らく私は大将と相識る機会なく、従つて其の慈愛に浴することも出来なかつたに相違ない。して見れば、道会それ自体は私を満足させる宗教団体でないにしても、また私の一身上に起つた問題それ自体は左程重要なことでないにしても、二つながら私のために甚《はなは》だ有難い役目を勤めてくれたものと言はねばならぬ。それ故に私は松村先生を宗教上の導師としてではなく、押川先生並《ならび》に八代大将と私との仲保者《ちゆうほ》として、今でも感謝して居る。

私の生涯を顧ると、当人は無意識で、而《しか》も私にとりて非常に意義ある役目を果たしてくれたのは、決して松村先生だけでない。私に或《ある》事を為《な》させるため、又は或《ある》人に引《ひき》合せるためにだけ其姿を現し、それが済めば全く消息を絶つた人々がある。私の一生の行路は、自分が意図して方針を定めたといふよりは、予期せぬ人との接触、又は予期せぬ出来事の発生のために、自ら意図しなかつた方向に進められて来たと言つてよい。私は時としては冷静に之を運命とも思ひ、偶然とも考へる。また時としては之を天の恩寵と感じて有難さに堪えぬこともある。

筆の序《ついで》に私は松村先生を機縁《きえん》として私の精神に喚《よ》び起された最も大切な自覚について述べて置きたい。道会の後援者で会堂建立費を寄附した大倉孫兵衛翁が、還暦の祝に何か意義ある事をしたいと考へ、其事を松村先生に相談した。すると先生は、日本の国民生活の中心は皇室であるから、此事を普《あまね》く国民に知らせるために、平明に歴代天皇の御伝記を書き、之を印刷して配布しなさいと奨めた。大倉翁が即座に先生の言を容れたので、先生は原稿の作成を私に相談した。即ち私が先づ列聖伝を草し、先生が之に加筆し且《かつ》論評を加へて刊行しようといふのである。私は此時まで日本のことには殆《ほとん》ど興味を有《も》たず、日本歴史は中学校で教はつただけであつた。併《しか》し其頃私は要るだけの生活費を参謀本部の独逸《ドイツ》語飜訳で得て居たので、勿体ない話であるが、全く器械的な飜訳に費す時間を列聖伝に振《ふり》替へる方が若干ましであらう位に考へ、無雑作に先生の申出に応じた。

私は左程困難な仕事とも思はずに引《ひき》受けたのであるが、着手して初めて至難の業であることが判つた。私が古事記・日本紀を初め、六国史《りつこくし》を読んだのは実に此時が最初である。然るに数々の史書を読み往くうちに、意外にも日本歴史に対する関心が次第に強くなつた。そして予期したよりも幾倍かの時間を費して一応列聖伝を草し終へた頃には、日本人としての自覚が極めて強烈となり、一切の日本的なるものに至深《ししん》の関心を抱くやうになつた。そして愛読措《お》かざる薄伽梵歌《はくかぼんか》にある『設《たと》ひ劣機なりとも己れの本然を尽すは他の本然に倣《なら》ふに優る。己れの本然に死するは善し、他の本然に倣ふことは畏《おそ》るべし。』といふ鉄則は、単に個人にだけでなく、民族にとりても不磨の真理であることを身に沁みて感じた。そして向後自分は飽迄《あくまで》も日本的に考へ、日本的に行はねばならぬと覚悟した。私の『日本二千六百年史』は、この列聖伝執筆中の副産物であり、また『日本精神研究』は、私がかやうにして日本的に目覚めてから、偉人の生涯を通じて具現された日本精神を摑《つか》まうとした努力の一端である。そのころ私は甚《はなは》だ感傷的に下のやうに述懐して居る――『精神多年の遍歴の後、予は再びわが魂の故郷に帰り、日本精神そのものの中に、長く求めて得ざりし荘厳なるものあるを見た。』と。

私は印度《インド》研究によりて取留めもなかりし世界人から亜細亜《アジア》人となり、列聖伝の執筆によりて亜細亜《アジア》人から日本人に復《かへ》つた。私は此事でも松村先生との不思議の因縁に驚かざるを得ない。

七　印度人追放と頭山満翁

私の生涯を幸福にしてくれた三人の先輩のうち、押川先生・八代大将と相識るに至つた経緯《いきさつ》は叙上《じよじやう》の通りである。そしていま一人の頭山満翁（とうやま・みつる。一九五五年生、一九四四年歿。玄洋社を代表する在野の国士。藩閥政界と関係の深い杉山茂丸と連携し、国内政治に影響を及ぼすとともに、内田良平の黒竜会と連携し、アジア主義的思想によって朝鮮の金玉均、中国の孫文や蒋介石、インドのラス・ビハリ・ボースなど、日本に亡命したアジア各地の民族主義者・独立運動家への援助を積極的に行った）に親炙《しんしや》するやうになつたのは、是亦《また》全く予期しなかつた出来事のためで、此時に仲保者として姿を現したのは一人の印度人《インド》である。私は其以前から翁を知つては居たが、随時に薫風に浴するやうになつたのは此事あつてからである。

大正四年初秋の美しく晴れた或日《ある》の午後のことである。私が帝大の図書館を出て、構内を赤門の方へ歩い居《（ママ）》ると、一人の印度人《インド》がつかつかと歩み寄つて、英語で『貴下は日本人ですか。』と訊ねた。まことに無礼な質問ではあるが、相手の印度人《インド》の風貌態度に、妙に真剣なところがあつたので、私も至極真面目に『純一無雑の日本人です。』と答へた。二三《にさん》の問答を交《か》はし乍《なが》ら赤門を出て本郷三丁目まで歩き、其処から日比谷方面行の電車に乗らうとしたら、その印度人《インド》も一緒に乗つた。電車の中で印度人《インド》の様子を注意して見ると、年齢は三十歳前後、丈高く、肩幅広く、色は黒いが目鼻立はアリアン型で、総体が引緊つた感じを与へた。私はこの印度人《インド》に若干興味を覚えたので、日比谷で電車を降りると、近処の小さい咖啡店に彼を誘つた。彼は私の誘ひに応じ、咖啡を飲みながら色々の話をした。其頃私はせつせと現代印度《インド》の政治に関する書物を読んで居たので、此の印度《インド》人は私が相当に印度《インド》の事情に通じて居ることを知つて、非常に意外に感じたらしかつた。

そのころ私は原宿に住んで居て、毎日午後四時から近処の井上乗馬学校といふのに通つて居た。時計を見ると時刻が来たので、印度《インド》人に別れを告げて原宿に帰らうとすると、彼は自分も馬に乗りたいと言ふ。乗れるのかと訊《たづ》ねたら、まだ一度も乗つたことがないと言ふ。それでも兎《と》に角《かく》原宿まで一緒に往つた。私は彼を乗馬学校の一人に頼み、一時間遠乗をして帰つて来ると、彼は私の帰るのを待つて居た。それから一緒に私の家まで往き、暫《しばら》く上つて話をして帰つた。この印度《インド》人は其名をヘーラムバ・L・グプタと言つた。

其後彼は二三《にさん》度私を訪ねて来た。それから麻布笄町《あざぶかうがい》に住んで居たB・N・タゴールといふ印度《インド》人を私に紹介した。この印度《インド》人は、丈は余り高からず円々と肥つた、何処かふてぶてしい様子をして居た。年輩はグプタ君と同じく三十歳前後に見えた。私は此等二人の印度人《インド》が、何の目的で日本に来て居るのか知らなかつた。彼等も話さなかつたし、私も訊ねなかつた。但し彼等が学生でも商人でもなく、さらばと言つて観光客でないことも明《あきら》かであつた。時恰《あたか》も世界戦争中のことではあるし、或《あるい》は政治的目的を抱いて渡日した独立党の志士かも知れぬと思つたが、後に私のこの想像の正しかつたことが判《わか》つた。

さうかうして居るうち、此年の十一月に、名高い印度《インド》国民運動の指導者ララ・ラージパト・ライが渡米の途中日本に立寄つた。グプタ君が私のところに来て、ライ氏歓迎会を開いて日本の有力者を招待し、日印親善を図りたいから、その準備に手伝つてくれとのことであつた。私は欣《よろこ》んで出来るだけの加勢をした。歓迎会の日取は十一月二十七日夕、場所は上野精養軒と決まり、各方面に招待状を出した。この歓迎会は異常なる成功であつた。出席は二百名を超えた。まづライ氏の熱烈なる挨拶があり、之に次で来賓の数名が極めて熱心に日印親善の必要を高調した。印度《インド》人たちは此の意外の成功に甚《はなは》だ満足し、私も此の盛会を吾事のやうに欣《よろこ》んだ。

併《しか》し此の歓喜は実に束《つか》の間《ま》であつた。翌朝グプタ・タゴール両君は、日本政府から五日以内に日本を退去せよといふ命令を受けたのである。この命令が英国大使館の強要によつて発せられたものであることは、更《あらた》めて言ふまでもない。五日以内といへば十二月二日までであるが、其の間に日本からアメリカに向ふ船は一隻もなく、皆な西航するものだけであつた。そして若《も》し両人が西航船に乗るとすれば、上海か香港で英国官憲の手に捕へられることは必定である。両人に対する日本国民の同情が俄然湧《わき》立つた。石井外相の軟弱卑屈を非難する声が頓《とみ》に昂《たか》まつた。各方面の有志が退去命令撤回のために運動した。併《しか》し一切の骨折は無効に終つた。十二月二日、両人は悄然《せうぜん》として自動車で知合の日本人に別れを告げに廻つた。私も出来るだけのことをしたが、固《もと》より無力如何ともし難く、悲痛極まりない気持で其夜は床に就いた。

すると翌三日の早朝、昨日両人の自動車に同乗して、終日彼等に尾行しまはつた四人の刑事のうちの一人が、私の家にやつて来た。そして両人とも昨夜のうちに行方不明になつたと告げた。私は思はず『それは善かつた。』と叫んだ。それから刑事は、私の質問に答へて下のやうな経緯《けいゐ》を語つた——

『昨日は両人と一緒に自動車に乗つて、方々暇乞《いとまごひ》に廻つた。両人とも見るから悄《しほ》れかへつて、気の毒に堪へなかつた。自分は今日両人を横浜まで送つて船に乗せねばならなかつたのだが、この辛《つら》い役目は迚《とて》も勤まりそうもなく、いつそ病気欠勤にしようかとさへ思つて居た。さて両人は夕方になつて霊南坂《れいなんざか》の頭山満先生の処に寄つた。彼処は袋小路になつて居るので、安心して自動車の中で両人の出て来るのを待つて居た。そのうち次第に時刻が経つて夜の十一時近くなつた。自動車の運転手が、午後十一時までの約束で傭《やと》はれて居るのだが、もつと時間を延長するのか何《ど》うか訊《たづ》ねてくれと言ふので、実は自分も先刻からやきもきして居た矢先であるから、之を善いことに頭山邸に往つて見ると、門は堅く鎖《と》ざされて居て、呼んでも叩いても誰も出て来ない。止むなく隣家の寺尾博士邸で電話を借り、頭山家に電話をかけて見ると、二人の印度《インド》人なら先刻帰りましたといふ挨拶なので、大騒ぎになりました。私としては役目上の大きな落度ですが、これで両人の命が助かれば、首になつても満足です。』

やがて此の刑事と入り代りに、警視庁から刑事が来て私を監視尾行することになつた。私は実に此時から今日まで前後三十有余年、要監視人としてブラック・リストに載せられて来たわけである。当時の私の借家は、直ぐ道路に面して建てられ、下が八畳と四畳半、二階が六畳一間の小さい家である上、呼べば応へるほど間近《まぢか》に交番があるので、まさか私の家にお尋ね者の印度人《インド》が隠れて居るとは思はなかつたらうが、私が両人と懇意な間柄であるので、或《あるい》は面会に往くかも知れぬと思つたのであらう。但し如何に暢気《のんき》な私でも、刑事が尾《つ》いて来ると知つて居れば決して面会には往かないから、結局此の尾行は何のためであるのか領会し兼ねた。それのみならず私は実際両人が何処《ど》に何うして居ることか、皆目《かいもく》知らなかつたのである。そこで警視庁の方でも無駄と気が付いたと見え、一ヶ月半ばかりで尾行を解いた。

其年も暮れて大正五年となつた。鉛色に曇つた寒い寒い二月の或《ある》日の午後三時ごろ、思ひがけなくグプタ君が私の家の玄関に現れた。見ればリボンを取去《とり》つた茶色の中折帽を目深に被り、足袋《たび》はだしで、つんつるてんの木綿の袷《あはせ》を着け、手には果物籠をぶらさげて居る。丁度東京近在の百姓の兄哥《あにい》といふ恰好《かつかう》である。何はともあれ、急ぎ座敷に招じ入れると、空腹に堪えられないから、早く何か喰はせてくれと言ふ。生憎《あいにく》家には何もなかつたので、親子丼を注文したことを記憶して居る。

さて話を聞いて見ると、自分は是非とも米国に帰らなければならぬので、今までの隠家を脱け出して来た。早く渡米出来るやう取計《とり》らつてくれ、またそれまでは此処に匿《かく》まつてくれと言ふ。私はグプタ君の話により、両人は去年十二月二日の夜、頭山邸の裏を脱けて霊南坂下に出で、其処で待《まち》受けて居た杉山茂丸氏の自動車で新宿中村屋に連れ行かれ、相馬愛蔵氏夫妻の心尽しで、両人とも其処に匿《かく》まはれて居たことを初めて知つた。グプタ君の口うらから察すると、タゴール君との間に若干感情の齟齬《そご》があり、中村屋脱出もタゴール君に知らせずに断行したものらしく思はれたが、詳《くわ》しくは尋ねもしなかつた。中村屋から原宿の私の家までは、近道を取れば左程《さほど》遠くはないのであるが、グプタ君は中村屋から新宿の電車通りを一旦四谷見附《よつやみつけ》まで歩き、それから濠《ほり》に沿ふて赤坂見附に出で、更に青山の電車通を四丁目まで往き、そこから右折して私の家を探したが仲々見当らず、中村屋を出てから四時間以上かかつて漸《やうや》く辿《たど》り着いたのであるから、なるほど腹も空《す》く筈《はず》である。

さて私の家は前述のやうに交番の近処である上に、西隣と北隣とは三尺も離れて居ないのであるから、グプタ君を匿まうには甚《はなは》だ不要慎ではあつたが、灯台下暗しといふ諺もあり、それに警察の方では一旦つけた尾行を解いて安心して居ることであるから、案外安全であるかも知れないと思つた。併《しか》しグプタ君の雲隠れには、関係者一同痛く心配して居る筈《はず》であるし、とにかく一応先輩に報告して相談する必要があるので、翌日押川先生と頭山翁に参上して事の次第を申し上げ、若《も》し私の家でよければ欣《よろこ》んでグプタ君を引《ひき》受けるし、また当人の希望を容れて渡米出来るやう取計らつて頂きたいと願つた。そして米国行は早速に取《とり》運ぶまいが、とにかくそれまで君の家に置けと言はれたので、私はグプタ君を匿《かく》まうことになつた。

私と同居中のグプタ君の生活は、実に見上げたものであつた。先年相馬愛蔵氏夫人即ち名高い黒光女史がボース君（前述のタゴールはボースの変名）について書いた一篇を或る婦人雑誌で読んだことがあるが、其中で夫人は、グプタ君が神経衰弱になつて無我夢中で中村屋を逃げて往つたやうに述べて居るが、私は断じて左様に考へない。第一若《も》し気が変になつて飛《とび》出したものなら、私の家に辿り着くまでの周到な用意と行動が取れる筈《はず》はない。来た翌日から同君は丸善から本を取《とり》寄せてせつせと読書し、ジャパン・タイムスやアドワタイザを切《きり》抜いて丁寧《ていねい》にスクラップ・ブックに貼付《はりつ》け、健康にも十分注意を払ひ、寸陰をも無駄にしまいと心懸けて居た。運動のため戸外に出ることが出来ないので、グプタ君は私を相手に坐角力《すはりずまう》や腕角力をとつたが、勝負に熱中すると思はず隣近処に聞こえるやうな大声でベンガル語の間投詞を発し、後で気が付いてハッとすることも屢々《しばしば》であつた。そのうち印度《インド》料理を食ひたいと言ひ出したので、私が色々な材料を買ひ集めて来ると、グプタ君が料理して二人で舌鼓を打つた。非常に小粒の豆を買ふために、横浜まで往つたこともある。此時習ひ覚えたライスカレーの調理法を、私は今日まで覚えて居り、時々自慢の腕を揮《ふる》つて友人諸君を驚嘆させることもある。

そのうち四月になつた。押川先生や頭山翁の骨折で、日本政府も漸《やうや》く従来の方針を改め、両印度《インド》人の追求を止めて、逆に之を保護することになつた。つい鼻先の交番の巡査が、此時初めてグプタ君が二月以来私の家に隠れて居たことを知つて、『大川さんはひどいですなあ。』と呆《あき》れて居た。そして六月にはアルジェンティン人といふ触《ふれ》込みで東洋汽船の船で無事渡米することが出来た。因《ちな》みにB・N・タゴール君といふのは、後に日本に帰化したラス・ビハーリ・ボース君のことで、ボース君が相馬氏の令嬢俊子さんと結婚したことは世間周知の事実である。

この印度《インド》人事件が機縁となつて、其の後私は随時翁に親炙《しんしや》して教を受けることが出来るやうになつた。丁度浅草の観音様のやうに、翁には夥《おびただ》しい参詣人があつた。観音様が善人は善人、悪人は悪人で、勝手に願を掛けさせて居るやうに、翁もまた来るほどの人々に言ふだけのことを言はせて居た。其等の有象無象の中には甚《はなは》だ下品な人間も居たが、翁は一切の喜怒哀楽を忘れたやうな顔付で、唯だ時々一寸眉を楊《(ママ)》げるだけで、いつも黙然と対坐して居られた。私が今でも忘れないのは、或《ある》日肩肱《かたひぢ》怒らした一人の男が、翁に向つて長々と自分が是迄やつて来た政治運動のことを述べ立て、これほど君国のために尽して来たのに何等酬《むく》ゐられるところなく、目下は糊口《ここう》にさへも困つて居ると訴へた時のことである。其話を聞き終つた翁は徐《おもむ》ろに口を開いて『君は御国にうんと貸しがあるやうなものぢやのう。貸したものなら何時かは返るぢやろ。』この簡単明瞭な解決で其男は退散した。私は面白さ可笑《をか》しさに噴出したくなるのをやつと堪えた。併《しか》し斯様《かやう》な面白い風景は滅多になく、観音境内の雑沓は私を閉口させることが多かつたので、頻繁に参詣することはなかつたが、何か大事な決心をする場合は、必ず之を翁に披瀝して教を仰いだ。

翁は『自分は五十までは道楽をやつた。自分の道楽は大風の吹いた跡のやうに、何も残つて居らぬ。』と言はれたが、私が翁に親炙《しんしや》すする《（ママ）》やうになつたのは、その『大風の吹いた跡。《（ママ）》』の翁である。翁の壮年時代の無頓着さは、翁自身が『神鞭《かうむち》・佐々《さつさ》・根津等と初めて伊藤博文に会ひに往つた時、俺が着流しで行つたものぢやから、神鞭が気にかけて、此次行く時には袴だけは着けて行つてくれと言ふから、二度目には穿《は》いて行つた。』と語り、また初めて副嶋《そへじま》（副島）種臣《たねおみ》を訪ねた時は『あなたはぞんざいな方と伺つて居ますから、どうか寝て居てお話し下さいと言はれた。』と語つて居ることでも知られる。酒と煙草はやらないが、それは生れつき嫌ひだつたからやらぬだけの話で、食ふことは人一倍、女道楽は仕放題といふ時代があつたことは、翁自身も之を語つて居るし、それに尾鰭《をひれ》をつけて世間では色々のことを言つて居る。併《しか》し私が初めて知つた五十歳以後の翁は、風貌態度いかにも重々しく、押しも押されもせぬ貫禄が自然に備はり、実に行儀よくまた礼儀正しかつた。翁と対坐する毎に私はいつも大阪城の石垣を想ひ起した。押しても引いても動かぬ感じで、独坐大雄峰とはまさしく此翁のことだと思つた。殊に古稀《こき》の齢《よはひ》を越えてからの翁は、もはや渾然玉成の境に入り、気品の清高は歳と共に加はつたが、而《しか》も決して骨冷如氷《こつれいじよひよう》、寒巌枯木の姿ではなく、兀然《ごつぜん》無事に坐しながら春来れば草をして自ら青々たらしめる駘蕩《たいとう》の気を漂はして居た。

世間で人間の相場をきめる物さしは権力か黄金である。権力を握り黄金を摑《つか》んで居る間は、蟻の甘きにつくやうに多勢の人が集まるが、一たび之を離れると門前忽《たちま》ち寂寞となるのが世の常である。敗戦後に追放の身となつた曽《かつ》ての権門勢家のうちには、身に沁みて有為転変を味はつた人が多いことであらう。然るにわが頭山翁は、若い時に、『決して役人にはならぬ。』と決心してから、謂《い》はゆる浪人で一生を通し、一度も官途に就いたことがない。一時黄金を摑《つか》んだことがあつても、忽《たちま》ち散じ尽して、余計な金は一文も有《も》たない。演説もしなければ文章も書かない。尤も四方八方からの依頼で驚くほど沢山揮毫《きがう》はされたが、これは仕事のうちにはいらない。要するに唯だ端然と坐つて居るだけで、実に五十年の長きに亘つて一世の信望を繫《つな》ぎ、天下の頭山として朝野無数の人士を身辺に吸収し続けたのである。これは如何に末法澆季《げうき》《ぜうき》の世の中でも、人格の権威が権力や黄金よりも遥に偉大であることを最も確実に証拠立てたものである。人格の権威を自覚させ、その尊厳を確立させることは、古今東西、一切の教の根柢である。之を説く者は天下に満ちて居るが、身を以て之を立証してくれる人は滅多にない。わが頭山翁が権力にょらず、黄金によらず、学問によらず、事業によらず、無為にして能く半世紀に亘る日本の泰山北斗たりしことは、身を以て人格の権威を明示した希有の実例で、私は唯だ此の一事だけでも翁を明治・大正・昭和三代の最大の導師と仰ぐものである。

頭山翁の風格を語りて最も要領を得て居るのは、私の知る限りでは三宅雪嶺翁の言葉である。三宅翁は下のやうに言ふ。『頭山翁は謂《い》はゆる腹の人である。腹で承知し、腹で快断し、腹で笑ひ、腹で怒り、腹一つで世に立ち、国家社会に貢献するのであつて、手の人でなく、固《もと》より口の人でない。腹が手よりも動き、口よりも物を言ふ。然し手が動かぬのでなく、動かせば随分動き、普通の人の動かし得ない所に動く。不器用でなく器用な人で、立身せうと思へば立身も出来、儲けようと思へば儲けも出来るが、ただ立身や儲けを数の中に入れない。口に至つては有るも無いと同然、唖《おし》かとも見えるけれど、気に向くか、向かなくても何かのはずみか、次から次と迸《ほとばし》り、或《あるい》は春風胎蕩的に愉快、或《あるい》は秋霜烈日《しうさうれつじつ》的に厳粛、或《あるい》は多情多恨、綿々として尽きない。老子に大弁は吶《とつ》なるが如くとあるが、翁は或《ある》点で大弁と称せずに置けぬ。必ずしも寡言《くわげん》でなく、必ずしも多言でなく、時と場合に応じて中《あた》り、中《あた》らずといへども遠からずとすべきところ、口から先に生れた者も及ぶまい。』まことに其通りである。腹の人とは常に全人格を以て生きる人のことである。翁は驚くべき旺盛な精力と、極めて明晰な頭脳とを恵まれて居たから、天稟既に抜群であつたのに加へて、青年時代から一見天馬空を行く如く奔放不羈《ふき》に振舞つて来たに拘《かかは》らず、実は恐るべき真剣な鍛練修行を積んで居る。さればこそ私が親炙《しんしや》した五十以後の頭山翁は、三宅翁が『荒削《あらけづり》のやうに見えつつ木理《もくり》精緻、斧鑿《ふさく》の跡に天品の妙を見る。』やうな人格を錬《きたへ》え上げ、その全人格が翁の一切の言行に現れて居たのである。

併《しか》し私は、頭山翁の真面目を最も簡潔且《かつ》適切に示して居るのは、翁の無二の私淑者藤本尚則君の大著『巨人頭山満』の開巻劈頭《へきとう》にある翁自身の言葉であると信ずる。翁曰く『万国を併せて王たるも、菰《こも》を被《かぶ》つて一椀の主たるも、形の上のことなら蟻の塔の大小も同じで、畢竟《ひつきやう》児戯にすぎず、彼を栄とし此を辱《はぢ》とし、或《あるい》は喜び或《あるい》は悲しむは、吝《けち》な話。ただ一心の天に通ずるものあらば、布衣《ふい》（官位のない人。庶人）といへども決して王者に劣るものでない。』頭山翁の偉大なる人格の至極の根源は、実に翁の『天に通ずる心。』に求めねばならぬ。翁が神社参拝を怠らなかつたことは天下周知の事実である。翁は日本の神々を拝んだが、私の見るところでは、其等の神々のうち最も篤く明治天皇の神霊を崇《あが》めて居た。翁の神前礼葬は、地上に端坐稽首《けいしゅ》、黙禱数分間に亘る厳粛無比なるものであつた。そして翁は此の神前礼拝が『此世で一番気持のよい時だ。』と言つて居た。翁の心は此の礼拝によつて天に通じ、胸中一物なく、身辺一物なき無私無我の境に入り、存分に法悦を味はつたことであらう。而《しか》も禅を学んだ大西郷が自分を仏教信者と言はなかつたやうに、神々を拝む頭山翁も自分を神道信者とは言はなかつた。唯だ『一心天に通ずる。』生涯が頭山翁の生涯であり、それは大西郷が常に『天を相手』に生きたのと同じく、真実の日本人に共通なる宗教的境地である。かやうにして翁もまた押川先生の謂《い》はゆる『宗派』の信者ではなく、直ちに『宗教』の人であつた。

私が西欧学者の書物を読んで宗教の研究を初めたころは、一神教を以て宗教発達の最高段階に達したものとする考へが、殆《ほとん》ど自明の理のやうに承認されて居た。其頃は比較神話学や比較宗教学の研究が漸《やうや》く盛んになり初めた時で、其等の学者はインド・アーリヤ神話の中に潜む一神教的信仰を探し出して、古代印度《インド》宗教の地位を高めようと骨折つて居た。そして東洋の学者もまた西欧学者の顰《ひそ》みに倣《なら》ひ、儒教・道教・仏教乃至《ないし》神道の信仰にも一神教的要素あることを指摘することによつて、此等の諸教を高級宗教に仲間入りさせようとする傾向があつた。左様な風潮に感化されて、私も当初は一神教を最高の宗教であらうと考へて居た。併《しか》し頭山翁を初め、私の親炙《しんしゃ》した偉大な人物が、諸神諸仏を一緒に拝んで何の矛盾をも意識せず、而《しか》も世の常の一神教信者よりも遥に立派な宗教的生活を営んで居るのを見て、多神教を直ちに迷信又は幼稚な信仰とする思想が納得出来ぬやうになつた。頭山翁の宗教はいま述べた通りであるが、それは八代大将に於ても同然であつた。大将は如法に座禅の修行もしたし、法華経の信者でもあつたが、頭山翁と同じく篤く日本の神々を敬ひ、筧克彦《かけひ》先生の古神道に最大の敬意を払つて居た。

八代大将の生涯のうちで、最も苦心惨憺を極めたのはシーメンス事件の解決であつたらう。この事件は海軍部内に於ける醜悪なる収賄沙汰が暴露されたために起つたのであるが、大隈内閣に入つて海相の椅子についた大将は、快力乱麻を断つ如く難局を処理し去つた。即ち収賄せる海軍吏僚は悉《ことごと》く之を軍法会議に附して部内の徹底的粛清を断行した上に、海軍の大御所山本権兵衛、長老斎藤実《まこと》を予備役《よびえき》に編入し、当時の海軍次官財部《たからべ》彪《たけし》をも待命とした。この英断は、往々取沙汰されるやうに大隈首相や加藤外相と相談の上でなく、全く大将自身の決意によつて行はれたもので、大将は親しく下のやうに私に語つた――『山本大将は海軍の大功労者であるが、部内にシーメンス事件のやうな不祥事を惹起《じやくき》したことに対しては、何《ど》うしても責任は免れ難いと考へた。併《しか》し山本大将は海軍にとつて大恩人であるから、その責任を問ふにしたところで、決して軽々には出来ない。そこで自分は大将の処分を決心してから、その決心が間違つて居るか何《ど》うかを神様に伺ふため、三七二十一日の間、毎朝精進潔斎して大神宮の前に坐り、至心に神意を伺つた。満願の日になつて、お前のやる事は間違ひだといふ神託がなかつたので、さつぱりした気持で断行した。神様にはお伺ひしたが、人間には誰とも相談しなかつた。さていよいよ山本大将を予備にすると、方々から脅迫状が舞込《まひ》んだよ。中にはお前の命は一年と無いものと覚悟しろなどと言ふのもあつたが、先触れして人を殺した例《ためし》は先づないからね。』これで見ても判る通り、当時法華坊主と呼ばれて居た大将が、国家の大事は皇祖皇宗の神意を奉じて行つて居る。

明治初年、神道が俄然勢力を得て激しい廃仏棄釈《はいぶつきしやく》を行ふまで、神道と仏教との対立は殆《ほとん》どなかつたのみならず、行基・弘法によつて唱へられた本地垂跡《ほんちすゐせき》の信仰によつて、二のつ（ママ）宗教が一つに統一されて居た。それ故に敬虔な日本人は、孔孟老荘を尊び、神に祈り仏を拝んで如何なる不都合をも感じなかつた。昔に例を求めれば源頼朝が居る。頼朝は最も敬虔な観音信者であつた。彼は十四の時に伊豆に流されてから、三十四で旗挙げをするまで、春風秋雨二十年、其間唯だの一日も毎朝一千一百遍の唱名念仏を欠かさなかつた。そして其の唱名念仏は、千遍は父祖の善提（菩提の誤植か）のため、百遍は父義朝に従つて非業の最期を遂げた鎌田政家のためであつた。治承四年（一一八〇年）八月十七日に旗挙げした翌日からは、戦場往来の身で勤行《ごんぎょう》の遑《いとま》がなくなるので、妻政子の師、伊豆山の法音比丘尼《びくに》に、自分に代つて亡父並《ならび》に亡臣のための一千一百遍の唱名念仏の外に、八幡宮・熱田神宮・三島明神を初め十九の神社に、法楽のための般若心経、祈願成就のための観音経其他の経文・陀羅尼《だらに》の読誦を頼んで居る。仏も神も同時に頼朝の宗教的対象である。かやうに伊豆の頼朝は、文武両道にいそしむと同時に、神詣でと念仏とを日課として最も敬虔な宗教的生活を送って居た。彼の性格に底知れぬ深味があるのは、この深刻なる宗教的一面があるためであらう。

若《も》し頼朝では時代が懸け離れすぎると言ふならば、山鹿素行《やまがそこう》の例を挙げよう。素行の精神生活の仔細《しさい》は、彼が赤穂謫居《たくきょ》中に書いた『配所残筆』の中に包み蔵するところなく述べられて居る。それによれば彼は初め朱子学によつて修行したが、年四十以後になつて、朱子学では『人品沈黙に罷《まかり》成るやうに覚え。（ママ）』たので、単に程朱《ていしゅ》だけでなく、漢唐より宋明に至るまでの一切の学者の本には頼らずに、自分自身で直ちに孔子の真精神を学ぶに努めた。彼の『聖教要録』は、かやうにして学び得た儒教の本質を提示せるものである。当時は朱子学が謂《い》はゆる官学で、其他は総て異学として圧迫されて居たのであるから、素行が此書に於て何の遠慮もなく朱子学を批判し、『道統の傅（伝（旧字体は傳）の誤植か）、宋に至りて竟《つひ》に泯没す。』と唱へて、自ら孔子の道統を継がんとしたことが、幕府の忌諱《きき》に触れたことに何の不思議もない。聖教要録が刊行されたのは寛文六年（一六六六年）春のことであるが、其年秋十月、彼は不届なる書物を著したといふ罪に問はれて、播州赤穂に流されたのである。

素行はかやうに孔子の道統の唯一の継承者を以て任じて居たが、世の常の儒者と異なり、老子や荘子の教説をも重んじて、その『玄玄虚無の沙汰。（ママ）』を欣《よろこ》んだ。其上に五山の高僧たちに会つて『参学悟道』を楽しみ、黄檗《わうばく》の隠元禅師にも教外《けうげ》別伝の心要を叩いた。

彼は老荘や禅によつて味はつた宗教的心境を下のやうに述べて居る――『朱子学よりは老荘禅の作法は活達自由に候て、心性の作用、天地一枚の妙用、高く相成《あひなり》候やうに存ぜられ候て、何事も本《もと》は自性の用所を以て仕《つかまつり》候故、滞る所無之《これなく》、乾坤打破仕《つかまつり》候ても、万代不変の理は惺々《せい〱》洒落たるところ疑ひなしと存《ぞんじ》候。』と。また其上に彼は高野山の光宥法印から神道の秘伝を残らず伝授され、広田坦斎から忌部氏神道の口訣《こうけつ》をも残らず伝授されて居る。そして『学問の筋、古今共に其品多し、是によつて儒仏神道、共に各《おのおの》其一理あることに候。』と言つて居る。当時のやうな雰囲気の中で、是は驚くべき自由な魂と言はねばならぬ。この自由な精神で真剣に真理を求め、真剣に之を生活の上に実現しやうと努めたのであるから、素行が偉大な人格を錬え上げたことは当然であり、その薫陶によつて大石良雄を初め、多くの立派な赤穂武士（ママ）が現れて、日本の歴史を飾るやうになつたのである。

かやうに私は、自分の最も尊敬する三人の先輩の信仰が、如何なる既成宗教にも拘泥せず、唯だ一心天に通ずるを旨として居ることを目の当りに見、また日本の代表的偉人の信仰も同然であつたことを知つた。此事は図書館や大学で学んだことよりも一層大切なことを私に教へた。私は熊本の五高に学んだ因縁《いんねん》で、青年時代から横井小楠《よこゐせうなん》に傾倒し、彼が『唯だ書に就て理会するは、是れ古人の学ぶ処を学ぶに非ずして、所謂《いはゆる》古人の奴隷と云ふものなり。今朱子を学ばんと思ひなば、朱子の学ぶところ如何と思ふべし。左《さ》はなくして朱子の書に就く時は、全く朱子の奴隷《どれい》なり。』と言つた言葉は、決して忘れぬほど深く私の心に刻《きざみ》込まれた筈《はず》であつたが、西欧学者の書物に読み耽《ふけ》つて居る間に、いつの間にやら思索《しさく》の自由を奪はれ、カントやヘーゲルの奴隷になり兼《か》ねまじくなつた。幸《さいはひ》に三先輩に親炙《しんしゃ》して其の信仰を知り得たことによつて、私は書物に対する過度の尊敬から解放された。書物は私の心の案内者たるべきもので、決して私の心の専制者であつてはならない。私は如何なる学者の奴隷にもならず、自分の自由なる心で宗教を学び且《かつ》求めねばならぬと思ひ定めた。この道理だけは早くから知つてるつもりで居たが、身に沁みて左様《さよう》でなければならぬと感じたのは遥かに後年のことである。

八　東洋の道と南洲翁遺訓

日本人の自由なる精神に立ち帰つて、私が先づ気付いたことは、吾々が今日使つてゐる宗教といふ言葉は、英仏独語のReligionの訳語で、東洋では単り日本だけでなく、中国にも印度《インド》にも、適切に之に相当する言葉がなかつたといふことである。Religionはラテン語のReligioから来たもので、そのReligioの由来については両説あるが、私はシセロに従つて『綿密《めんみつ》に事を行ふ。』といふ意味の動詞Relegereから来たものと考へる。そしてシセロが『総て神々の儀式に関することを宗教的の事柄といふ。』と言つて居るやうに、もと〳〵羅馬《ローマ》人は宗教の外面《ぐわいめん》の儀式を重んじて之にReligioい《（ママ）》ふ名称を与へたことが判る。単《ひと》り羅馬《ローマ》だけでなく、他の国々でも宗教の生命は儀式にあると思はれて居た。例へば中国では書経《しよきやう》には類・禋・望などといふそれぞれの神を祀《まつ》る儀式の名称はあるが、之を概括《がいくわつ》した名称はなく、礼記に至つて初めてReligioに相当する礼祠又は祭法といふ概括的《がいくわつてき》名称が出来た。日本では之と同様の概念を表はすマツリゴト又はカミワザといふ言葉があり。《（ママ）》印度《インド》でもRitaといふ言葉は儀式を正しく行ふことを意味して居た。かやうにラテン語のReligioに相当する言葉は東洋にもあるが、今日一般に使はれて居る意味でのReligionにぴつたり当てはまる言葉はなかつた。それ故に西欧文明が初めて和蘭《オランダ》語で吾国に伝へられた時、最初の飜訳者は此語を祭祀《さいし》又は宗祀《そうし》と訳し、其後更に宗教と改めて現に使用するやうな意味を与へたのである。

然らば何故に東洋には『宗教』に相当する言葉が生れなかつたか。私は下のやうに考へる。人間の実践的生活は、宗教・道徳・政治の三方面を有《も》つて居る。西欧では此等の三者が次第に分化して、その一々が独自の発達を遂げ、各自の分野を律する規範を求めるやうになつたが、東洋では其等の三者を分化させることなく、飽迄《あくまで》も人生を渾然《こんぜん》たる一体として把握《はあく》し、三者を包容する精神生活全体の規範《きはん》を求めて来たからであると。それ故に東洋には人生全体の規範を表す言葉、従つて西洋には適切に之に相当するものがない言葉がある。それは日本のミチ、中国の道、印度《インド》のダルマ Lharma《(ママ)》で、三者とも共通に人生全体の実践的原理を意味して居る。

いま中国の『道』は如何なる内容を有《も》つて居るかと言へば、それは天地人の道である。即ち人間が天と地と人とに対して正しい関係を実現する原則が、道といふ一語に綜合されて居るのである。それ故に中国では、苟《いやし》くも道に志す者は天地人の三才に通じなければならぬとされた。これは英国詩人ワーヅワースが『人間は神と自然と人生とに就て正しい観念を有《も》たねばならぬ。』と言ったのと符節《ふせつ》を合《がつ》せるものであるが、ワーヅワースの場合は、三つのものが独立した思索《しさく》の対象《たいしやう》となつて居り、中国では道の一語に宗教・政治・道徳が含まれて居る。

後に詳しく述べるやうに、人間の天に対する関係は宗教、地に対する関係は狭義の道徳、人間同志の関係は政治であるから、道の闡明《せんめい》を志す儒教《じゆけう》は、宗教・道徳・政治を等しく包容《はうよう》する一個の教系である。それ故に或《ある》る学者例へばダグラス教授は、孔子は『単に明白にして実際的な道徳を教へた。』にすぎぬと言ひ、或《ある》る学者は主として政治家の心得を説いたものであると言ひ、また或《ある》る学者は儒教も一個の宗教だとする。併《しか》し儒教は少くとも西欧的概念での宗教ではなく、また倫理学でも政治学でもない。儒教は其等の一つでなく、実に其等の総《すべ》てである。それは当初の外面的混沌を存しながら、濃《こまや》かに内面的統整を与へられて居る点に於て、西欧には見ることの出来ぬ特徴を有《も》つ教系である。

かやうに天地人の関係を等しく全うすることが人格的生活の理想とされて来たので、東洋では特に天に対する関係だけを抽象《ちうしやう》することなく、之を人格的生活の宗教的一面として敬虔《けいけん》な感情の長養に努めて来た。例へば孔子は『君子三畏あり、命を畏《おそ》れ、聖人の言を畏《おそ》れ、大人を畏《おそ》る。』と言ひ、孟子は『心を尽す者は性を知り、性を知る者は天を知る』と言つて居る。王陽明の如きは、敬虔《けいけん》なる基督《キリスト》教徒を想はせる宗教的経験を語つて居るが、特に取《とり》立てて宗教を云々して居ない。それは取《とり》立てて言はなくとも、吾々の人格的生活を全うするためには、存分に此の一面をも長養せねばならぬものとされて居たからである。

中国の道が宗教・道徳・政治の綜合体であるのに対して、印度《インド》の教法は宗教・道徳・哲学を兼ねたる教である。仏教は戒定慧の三学を立てて居るが、戒は道徳的実践、定は宗教的修行、慧は哲学的思索である。そして印度《インド》の教法は総て此の三方面を具へて居る。唯だ印度《インド》本来の教法は、三方面のうち最も力を哲学又は宗教に注いで来たが、仏陀《ぶつだ》の初転《しよてん》法輪《はうりん》は道徳的実践に重きを置いたので、ティーレのやうに之を倫理運動とする学者もあるわけである。併《しか》し原始仏教も固《もと》より叙上《じよじやう》の三方面を具へて居たのであるから、後にはそれが分化して道徳的一面を主とする律宗《りつしゆう》、宗教的修行を主とする禅宗や浄土宗、哲学的思索を主とする三論宗や天台宗などが、仏教の宗派として現れた。

かやうに東洋では宗教と道徳と学問とを一体とした道を求めて来たのに、西欧では此等のものが早くから分化して、宗教は自余の文化部門と対立して来た。そして道徳と宗教との関係に就ては、昔から議論の種となつて来た。或人《あるひと》は宗教と道徳とは分野を異にすると言ひ、或人《あるひと》は宗教は道徳の基礎だと言ふ。そして基督《キリスト》教の学者は殆《ほとん》ど総て此の意見である。基督《キリスト》教の竜樹菩薩ともいふべきアウグスチヌスは『ギリシヤの諸々の徳も、若《も》し神に対する信仰を基としなければ、所詮輝ける罪悪にすぎぬ。』と言つて居るが、この意見は基督《キリスト》教の学者の道徳対宗教観念の典型的なものと言つてよからう。明治の初年から日清戦争以前まで、多くの基督《キリスト》教宣教師が日本に来たが、其等の人々が繰《く》り返して言つて居たことは『日本には基督《キリスト》教の信仰がないから正しい道徳がない。』といふことであつた。私が松村介石先生から親しく聞いた話であるが、明治二十年代に宣教師として米国から渡日した温厚篤実《をんこうとくじつ》の学者で、後に『東洋精神 The Spirit of the Orient』といふ書物を著したG・W・ノックスのやうな人でさへ、松村先生に向つて『日本にはgood又はbadの概念を表《あらは》す言葉があるか。』と訊《たづ》ねたそうである。

西洋で宗教・道徳・政治の分化が早く行はれたのは、西欧の分別的・特殊化的な精神によるものと思はれるが、恐らく歴史的事情が之を助長せるものである。個人と国民とを問はず、その精神的生活の発達は叙上三面の発達である。此等の三面が相伴《あひともな》つて発達する間は、三者の間に対立又は矛盾を生ずる筈《はず》がない。唯だ三方面のうちの一つだけが、他の二方面よりも優つて発達するか、又は発達の段階を異にし且《かつ》発達の歴史を異にするものが外部から入り来る場合には、丁度鼎《かなへ》の三本の脚のうち、一本だけが長くなつたやうに、精神生活全体としての釣合が失はれ、茲《ここ》に他の二方面との対立又は矛盾が生ずるやうになる。而《しか》も人生はかやうな対立や矛盾のままでは落《おち》着かないから、何等かの努力によつて之を統一調和し、かくして新しく精神的発展を遂げることになる。いま西洋の歴史を見れば、宗教対道徳、又は宗教対政治の問題が先づ起つたのはローマである。ローマの精神生活の内容を成す宗教・道徳・政治は、全体としての調和を保ちながら発達を続けて来た。然るにローマ人の精神生活の中に、ローマ人とは全く歴史を異にし且《かつ》著しく民族性を異にした猶太人《ユグヤじん》《ユダヤ》の宗教、即ち基督教《キリスト》の信仰が入つて来た。而《しか》も基督教《キリスト》の信仰は、当時のローマ人の宗教よりも遥《はる》かに高い段階に達して居た宗教であつた。そのために、宗教と国家、宗教と道徳といふことがローマの最も重大な問題となり、その解決のために非常な苦心を重ねなければならなかつた。即ち斯様《かやう》にして破られたローマの精神生活の統一を、如何にして回復するかといふことが、羅馬《ローマ》の政治家や思想家の心を悩ます種となつた。そして多年に亘る対立抗争の結果、国家と教会とがそれぞれ支配の分野を異にして手を携へて行くことになつたが、後にローマ帝国の衰微《すゐび》に伴つて、教会の支配が政治的にも伸びたことは周知《しうち》の通りである。この基督教《キリスト》がローマ人によつてゲルマン人に伝へられた時も、殆《ほとん》ど同様のことが繰《くり》返された。そして更に近代になつてからは、新興の民族諸国家が、ローマ教会の政治的乃至《ないし》精神的支配を斥けるために戦つたので、宗教は西洋の精神生活に於て特別なるものとして取扱はれたのである。

いま日本の場合を顧ると、儒教《じゆけう》が初めて伝来した時は、国民の道徳的・政治的生活が、言語や文字の上ではともかくも、事実に於ては儒教の教えるところと殆《ほとん》ど同じ程度に発達して居たので、大なる精神的動揺を起さずに済んだ。其後百年にして仏教が伝来した時は、信仰問題に政治的意味が纏綿して来たために、問題は甚《はなは》だ紛糾《ふんきう》したけれど、幸にも千古に秀でた偉人聖徳太子が、神道を政治の根本主義とし、国民の道徳生活を、儒教によつて向上させ、仏教によつて宗教的生活を醇化《じゆんくわ》させるといふ確乎《かつこ》不抜の方針の下に、日本の当面した重大問題に、実に水際立つて鮮かな解決を与へたので、新来の仏教も日本の精神生活を根柢から動揺させることなしに済んだ。太子伝補註の中に下のやうな一節がある——

『神道は道の根本、天地と共に起り、以て人の始道を説く。儒道は道の枝葉、生黎《せいれい》（民人）と共に起り、以て人の中道を説く。仏道は道の華実《くわじつ》、人智熟《じんちじゆく》して後に起り、以て人の終道を説く。強いて之を好み之を悪《にく》むは是れ私情なり。』

勿論《もちろん》是は聖徳太子の言葉を其儘《まま》に伝へたものではない。併《しか》し最も鮮明に太子の精神を伝へたものである。太子が神儒仏《しんじゆぶつ》を対立せなかつたのは、政治・道徳・宗教を分化させず、之を一個の道統に綜合したからで、此事は十七条憲法を読んでも瞭然である。元来宗教と謂《い》ひ道徳と謂《い》ふのは、吾々の人格的生活の一面を形成して居るだけで、その一々を抽象《ちうしやう》して之を学問的に研究することは、可能でもあり必要でもあるが、現実の生活に或《あるい》は宗教、或《あるい》は道徳といふやうな特殊の生活があるわけでない。それ故に人格的生活の三面が相並び相伴ひて進み行く限り、特に或る一つの面が問題となることがない。唯だ三面の進化が跛行《はかう》する時、例へば進化の道程又は程度を異にせる宗教が新たに現れて人心を動かす時、即ち前述のやうに猶太《ユダヤ》人の信仰がローマ人に伝へられた場合、或《あるい》は未開人に高等な宗教が伝へられるやうな場合は、勢ひ全体としての人格的生活の調和が破れ、宗教が他の両面と対立する特殊のものとして意識されるやうになる。私が既成《きせい》宗教の信者でなければ宗教家でないやうに考へたのは、歴史的事情によつて宗教が特殊のものとして発達した西欧思想の感化を不知不識《しらずしらず》のうちに受けたためであらう。虚心《きょしん》に考へて見れば、人は基督《キリスト》教徒や仏教徒にならずとも、能く人性の宗教的一面を長養することが出来る。その実例を私は八代大将、頭山翁に於て見たのであるが、同様の例は日本及び中国の偉人に於て枚挙《まいきょ》に遑《いとま》ない。反対に既成宗教の信仰が、却《かへ》つて人格の玲瓏《れいろう》無碍《むげ》な長養を妨げる実例も決して少くない。

さて私は、自分の一生を通じて最も屢々《しばしば》私を慰めてくれた恩人は、大西郷と吾母の二人だと言つたが、私が自分で物を考へるやうになつてから、私のために人生に関する思索《しさく》の基礎たるべきものを与へてくれたのも、大西郷の『道は天地自然の道なるゆゑ、講学の道は敬天愛人を目的とし、身を修するに克己を以て終始せよ。』といふ『南州翁遺訓』の中の一節である。これは大西郷が自分自身の切実なる経験によつて把握《はあく》し、生涯を通じて真剣に実践して来た人格的生活の三原則を簡潔明瞭に述べたもので、私の人生観の根幹《こんかん》となつたものであるが、それを述べる前に私は大西郷と私の郷里との関係について語りたい。

私の郷里は山形県荘内であるが、酒井家を領主とせる旧荘内藩は、幕府親藩の上位を占め、幕末には特に幕命によつて江戸市中取締の重任を負ひ、勤王倒幕党《きんのうとうばくとう》の根城であつた薩摩屋敷焼打を行つたのも荘内藩である。戊辰《ぼしん》（戊辰）戦争の際には奥羽同盟諸藩のうち、独り荘内軍だけは連戦連勝して最後まで官軍と戦つたが、朝廷の御趣旨が判つたので終に謝罪降伏といふことになつた。此時官軍代表として城受取《うけとり》のために乗《の》込《り》んだのは黒田清隆であるが、会津の前例もあることだし、非常に苛酷な条件を押《お》付《し》けられることと覚悟して居たのに、黒田は聊《いささ》かも戦勝の威を挟《さしはさ》まず、態度は謹厳で礼儀正しく、諸事公平で条件も極めて寛大、城内に留まること僅《わずか》に二日で引揚げて行つた。

世間では荘内城授受の時に大西郷自身が荘内藩主と折衝したように伝へられ、大西郷全集刊行会が出版した大西郷全集にも此事を以て『西郷の伝記中、省いてならぬ一佳話』であるとして居る。石井平太といふ人の『大西郷の心の奥底』と題する菊版約六百頁の著書には、大西郷と荘内藩との関係について二十数頁に亘る記事があり、著者自身が随行して席末に列《つらな》り、一伍一什《いちぶしじう》《いちごいちじふ》を目睹耳聞《もくとじぶん》したとして、大西郷と荘内藩主との会見の次第を事細かに述べて居る。此の書物は大迫大将、上村大将、横《(ママ)》山中将、細川潤など、世間の尊敬を博して居る薩摩出身者の題字や序文で巻頭を飾つて居るので、読者が著者の叙述《じょじゅつ》を信用するのに何の不思議がないが、実は徹頭徹尾架空の物語である。深い心の奥底は知るべくもないが、東北鎮定の陣中に、大西郷は髪剃り落して大入道となり、官軍荘内を攻めた時は、黒田清隆に伴つて指図を与へては居たけれど、自らは背後に隠れて其姿を現さず、城下に二日滞在はしたけれど、藩主を初め荘内藩士は誰一人大西郷と会つたものはなく、唯だ官軍の陣中に『西郷といふ大入道が居る』といふ噂が立つただけであつた。

　荘内藩の降伏は明治元年九月のことであるが翌明治二年正月、戦後の荘内藩を双肩《さうけん》に荷ふことになつた菅実秀《すげさねひで》氏が、上京して黒田に面会し、更《あらた》めて降伏条件の寛大なるを深謝した時、黒田は是れ皆な大西郷の指図を受けて処分したので、決して自分の意見ではないと告げたので、菅氏は黒田の功に誇《ほこ》らぬ虚心坦懐《きょしんたんくわい》に感服すると同時に、初めて大西郷が予《かね》て聞いて居た通りの英雄なるを知り、深く心を寄せるやうになり、荘内今後の方針は、総て此人に信頼して定めようと決心した。併《しか》し大西郷は明治新政府成りて志士皆な錦衣《きんい》を懐ふ時、独り爵禄を辞して薩南に帰耕《きかう》して居たので、明治四年春、聖旨によつて上京した時に、初めて菅氏は大西郷に面晤《めんご》することが出来た。そして一見旧知の如く、頻繁に往来して交情頓《とみ》に厚くなつた。当時菅氏に随身して居た赤沢経言氏の手記に、下のやうに書かれて居る――『夫子菅氏の翁西郷を敬すること兄の如く、翁の夫子を親しむ弟の如し。或《ある》時翁、命もいらず名もいらず、官位も爵禄もいらぬ者ならでは、共に廟堂に立ち、天下の大政を議し難しと語られしを、夫子つくづく聞き給ひ、それは屹度《きつと》行ひ得らるべしと答へ給ひしかば、翁怡々《いい》としてうなづかれしとなり。』

但し菅氏は大西郷の上京を待つて誠意を傾けたのでない。明治二年には旧藩主をして二人の使者を鹿児島に遣《つか》はして親書を島津公及び大西郷に贈らしめ、翌三年十一月には政府に願ひ出た旧荘内藩士薩州遊学志願が許されたので、兵学実習といふことで、当時十八歳の旧藩主を、近侍及び選抜の藩士七十余名率ゐて、東北の荘内から遥々鹿児島に赴かしめた。一行は親しく翁について教を受け、当時鹿児島に帰つて居た桐野利秋、篠原国幹《くにもと》、野津鎮雄、村田経芳《つねよし》等の下に厳格なる軍事教練を受けたのであるが、年少の旧藩主が全く大名気分を棄て、一行と寝食を共にして励精刻苦を物ともせぬ有様は、薩摩の人々をして涙を催させた。但し翌年大西郷の出京によつて一行も引《ひき》上げることになつた。そして旧藩主は明治五年、その令弟は翌六年、黒田清隆の奨めで独逸《ドイツ》に留学したが、これは言ふまでもなく大西郷の意図から出たものである。

明治四年大西郷が出京を促されたのは、彼の声望によつて廃藩置県《はいはんちけん》を断行するためであつたが、彼の出盧《しゆつろ》（盧出）によつて此の非常の号令が行はれ、荘内には酒田県が置かれ、旧藩主は知事に、菅氏は権大参事に任ぜられた。菅氏は時勢の急変が旧藩士族に与へる深刻な物心両面の打撃を慮《おもんぱか》り、県下不毛の地を払《はらひ》下げて大規摸（ママ）に開墾事業を起し、士族のために生活の礎を築くと共に、荘内士風の護持を図らうと考へ、之を大西郷に相談して全幅の賛成を得たので、喜び勇んで帰国の途についた。其時大西郷は『奉送菅先生帰郷』と題する左の一詩を賦《ふ》して菅氏に贈つた。両者の交情は此の七絶のうちにも善く現れて居る。

林疎葉尽転傷悲　　林は疎、葉は尽きて転《うた》た傷悲す

明発復為千里離　明発《あす》すれば復《また》千里の離と為《な》る
細雨有情君善聴　細雨情有り君善く聴け
替人連日滴淋漓　人に替りて連日滴ること淋漓《りんり》たるを

郷里に帰つた菅氏は、旧藩士三千五百名を以て三十四組を編成し、地を羽黒山麓松ヶ岡に卜《ぼく》し、所志貫徹を神前に誓つて開拓に着手した。開墾其事が非常な難事業であつたのに加へて、廃藩置県以来衣食に窮した不平士族が天下に充満し、新政府の処置を怨嗟《えんさ》して居た当時のこととて、最後まで官軍に抗した荘内藩の士族が、神前に盟約して結束して居ることは、不逞《ふてい》の目的を抱く結社のやうは(ママ)思はれ、政府部内でも大隈重信の如きは殊に大なる疑心《ぎしん》を抱いて居たが、大西郷は終始この事業に援助を与へ、明治六年五月、酒田県大参事松平親懐氏に宛てた手紙の中にも、大隈に向つて『此儀に於て難事相起り候はば、私引受可致《いたすべき》旨申置。』と言ひ切つたことを認めて居る。

明治六年十月、征韓論の破裂で大西郷は廟堂を去つたが、帰国前の数日を本所小梅の越後屋喜左衛門の別荘に身を隠した。この越後屋は荘内藩の用達を勤めた深川の米問屋で、大西郷は菅氏の推薦で之を識り、一家の会計を挙げて之に託したほど信用するやうになつた。そして愈々《いよいよ》帰国の際には、黒田清隆に向つて、今後静岡の徳川家と荘内の酒井家のことは、自分に代つて保護するやうに頼んで行つた。

大西郷の故山帰臥《こざんきぐわ》は、荘内に取りて非常の大事であるから、翌七年一月、酒井了恒《のりつね》氏以下三名が、遥々《はるばる》鹿児島に大西郷を訪ひ、征韓論決裂に至る顚末《てんまつ》を聴取して帰つた。此事に関する酒井氏の筆記は極めて大切な文献である。次で此年十一月には赤沢・三矢の両氏が鹿児島に赴いて翁の教を乞ふたが、その帰るに臨んで松ヶ岡開墾の諸士を激励するために『気節凌霜天地知』の七大字を書いて両氏に与へた。そして翌八年五月には、菅氏自身が同志七人と共に鹿児島に大西郷を訪ね、滞在二十余日にして帰途についた。此の旅行の顚末《てんまつ》は同行者の一人によつて目に見るやうに書き遺されて居る。此の年の九月には更に戸田務敏氏等三人が大西郷を訪ね、更に十二月には伊藤孝継氏が十八歳の伴兼之、十六歳の榊原政治両青年を伴つて鹿児島に往き、両青年の私学校入学許可を大西郷に願つた。私学校は他国人を入れぬ掟《おきて》であつたが、両青年は特別の計らいで入学を許され、篠原国幹《くにもと》の家に寄宿して勉強することになつた。此時伊藤氏は松ヶ岡で製した茶を大西郷に進呈して茶銘《さめい》を請ふたが、大西郷は直ちに『林月』『水蓮』『都山』『敦本』『原

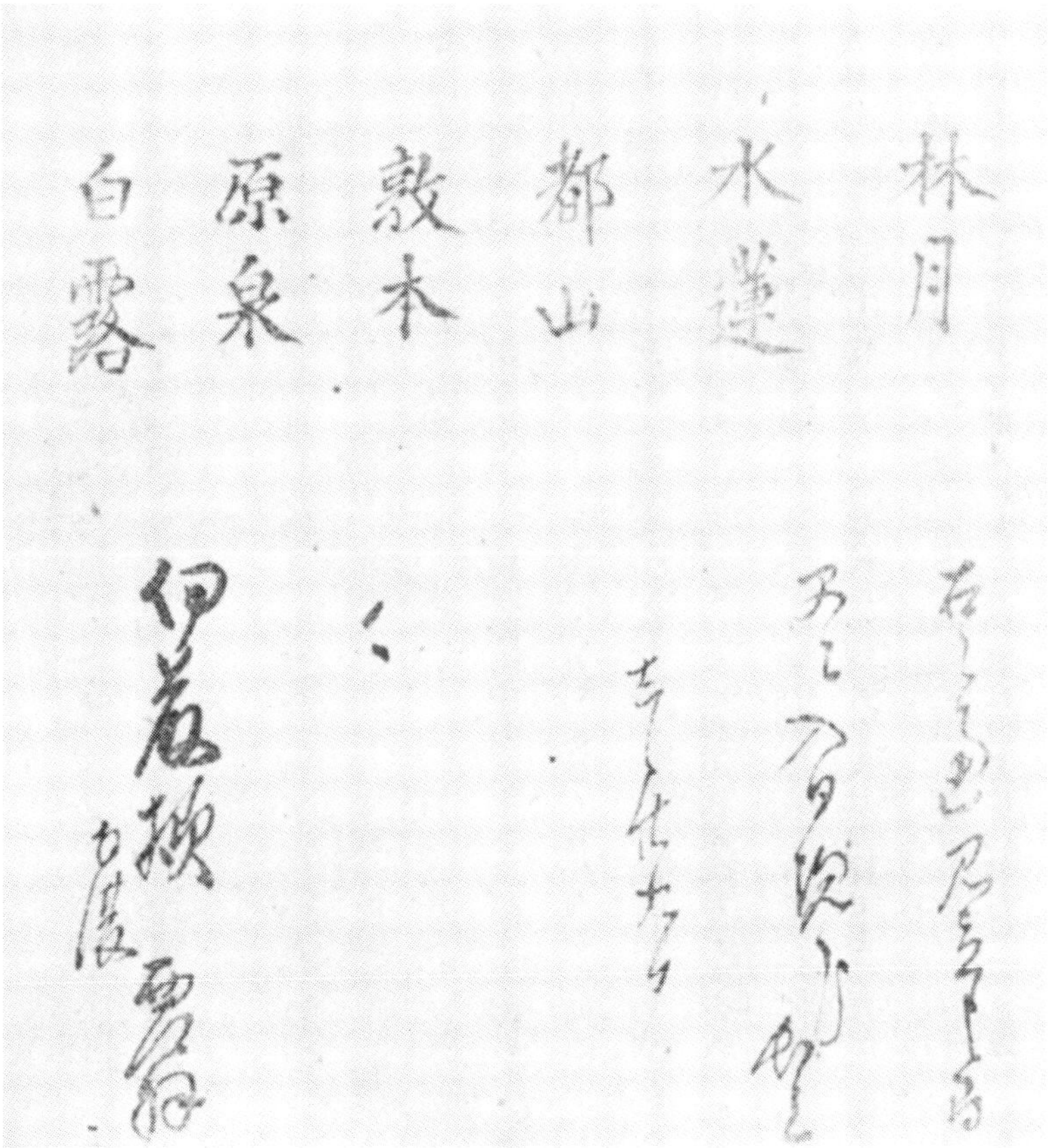
林月
水蓮
都山
敦本
原泉
白露

泉』『白露』の銘を選んで、書面に認《したた》めて之を伊藤氏に与へた。此時の両青年は、十年戦争が始まつた時、大西郷や篠原が頻《しき》りに帰国を奨めたけれど、断乎《だんこ》として聞《きき》入れず、薩軍に従つて諸処に転戦し、遂に見事な戦死を遂げた。

大西郷と荘内とは箇《か》様《やう》な関係であつたから、西南戦争の勃発に

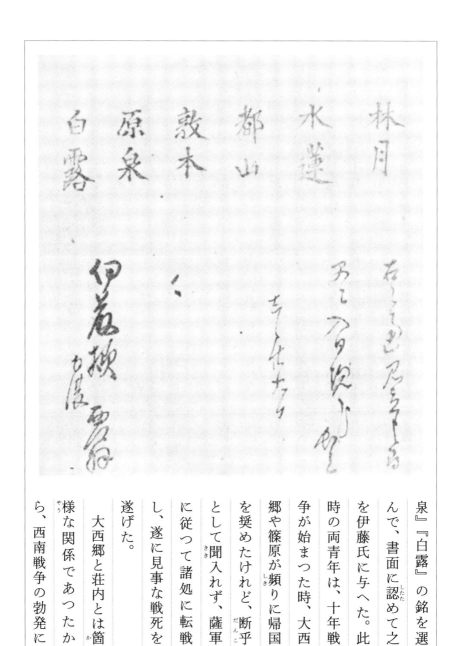

際して、政府は荘内人は必ず大西郷と呼応して起つものと信じ、仙台鎮台の出征を見合せて万一に備へた。黒田清隆でさへも、当時彼を訪問した栗田元輔氏に、『貴県も鹿児島に応じて屹度《きつと》起つだらうが、是亦已《またや》むを得ない。斯様《かやう》な天下の大事に当つては、各々《おのおの》思ふ所を行ふ外はない。』と告げたとのことである。そして荘内士族、わけても少壮者は、大西郷に対する信義のためにも、起つて兵を挙げねばならぬと力説したけれど、菅氏は断乎《だんこ》として之を抑《おさ》へた。その理由として菅氏は、今回の挙は決して大西郷の真意でないこと、旧藩主兄弟が独逸《ドイツ》に留学して不在なるに、軽々しく兵を挙げるのは藩主に対して申訳《まうしわけ》立たぬことを述べた。そして憤激せる主戦派を取《とり》鎮めた。

大西郷と是の如き因縁ある荘内が、明治二十二年二月に至り、大西郷が賊名を解かれ贈位の恩典に浴したことを歓天喜地したのは当然である。この芽出度《めでた》い機会に、菅氏は赤沢経言氏に託して、荘内人士が大西郷に親炙《しんしや》して聴取筆写して置いた諸記録を資料とし、その訓話を輯録させ、菅氏自ら幾度か添削修正して一巻に纏《まと》め、之を南洲翁遺訓と名づけた。そして翌二十三年四月、上野に大西郷の銅像建立のことが決まつた時、単に大西郷の風貌を国民に仰がしめるだけでなく、その真精神を天下に明《あきら》かにしたいといふので、酒井家が三矢藤太郎氏以下六人の旧家臣に命じ、南洲翁遺訓を携へて全国を巡回し、弘《ひろ》く之を有志者に配布させた。爾来《じらい》此書は普《あまね》く世に行はれるやうになつたが、その由来を知る人は少ない。

凡《およ》そ鹿児島を除けば、大西郷を思慕すること荘内のやうに篤い地方は、恐らく他にはないであらう。酒井家の如きは、毎年九月二十四日の命日には、真ごころ籠めて厳かに祭典を行ひ続けて来た。私は斯様《かやう》な雰囲気の中に育つたから、幼少のころから大西郷のことを語り聴かせられ、既に中学時代に幾度か繰《くり》返して南洲翁遺訓を読んだ。之を輯録《しふろく》した赤沢氏は、私が寄寓して居た東北随一の漢学者角田俊次先生の隣家で、其頃尚《な》ほ健在であつた。併《しか》し私が本当に南洲翁遺訓を味《あじは》ひ得るやうになつたのは、私が三十歳を越してからのことである。

九　人間を人間たらしめる三つの感情

多くの事柄で私の先生であるアリストテレスは、下の一事についても甚《はなは》だ適切なる教訓を私に与へた。即ち事物本来の面目は、腐敗し破損したるものではなく、良好なる状態に在るものに就て看取せねばならぬと同様に、人間の場合でも、その本質を把握《はあく》しようとするならば、肉体と精神とが最善に形成されて居る者に就て観察しなければならぬといふことである。熟しない又は腐敗した林檎では、林檎の本当の味を味《あじは》ひ得ないやうに、人間の真面目も、小供や未開人や凡人に就て之を看取することは至難である。然るに当世に時めく傾向は、アリストテレスの教訓とは全く反対に、英雄や偉人を例外者として斥《しりぞ》け、専ら多数の凡人から帰納して人間の本質を摑《つか》もうとして居る。それではカントの謂《い》はゆる『感覚人 Der sinnliche Mensch』の本質を認識することは出来ようか《（ママ）》、決して『超感覚人 Der uebersinnliche《（ママ）》 Mensch』の本領を把握することは出来ない。仏典に舎衛国の鼻欠猿《はなかけざる》の話がある。昔舎衛国の山中に千疋《びき》の猿が住んで居たが、唯だ一疋《びき》の猿だけに鼻があつて、残りの九百九十九には鼻がなかつた。そして此等の鼻欠猿が鼻のある猿を不具者として軽蔑《けいべつ》したといふのである。之は言ふまでもなく数量を真理の標準とすることを警《いまし》しめた比喩《ひゆ》である。古人が『千人の諸々は一士の諤々《がく〱》に如かず。』と言つたやうに、人間の精神的生活を検討する場合は、千の凡人の経験よりも、一の偉人の経験を重《おも》んじなければならぬ。大西郷の言葉は、私にとりてまさしく『一士の諤々《がくがく》』である。大西郷の和歌として伝へられる僅々《きんきん》十数首のうち、下のやうな一首がある——

上衣《うはぎぬ》はさもあらばあれ敷島の

大和にしきを心にぞ着る

此歌は大西郷が醇乎《じゆんこ》として醇《じゆん》なる日本人であることを物語る。彼は陽明学を学んだ。無参禅師について参禅した。武村の彼の居屋には、ワシントン・ナポレオン・ペートル・ネルソンの銅版画を額にして四方の壁に掲げて居た。彼は総ての善いものを吾有《わがもの》にしようとしたのである。併《しか》し其等の『上衣』は何であらうとも、彼の総ての学問修養は、真個《しんこ》の日本人となるためであつた。そして其の真実なる体験から、日本人の道として敬天・愛人・克己の三原則を提示したのである。彼が示してくれた道を歩いて往けば吾々は本当の日本人になれる。そして大西郷は私にとりて不足ない案内者である。

さて本当の日本人になるといふことは、本当の人間となることである。然るに今日の日本には、是《か》く考へることに反対する人々が多い。其等の人々は言ふ『吾々は先づ第一に人間であらねばあらぬ。(ママ)人間たる根本が立つて初めて国民たることも出来る。それ故に日本国又は日本人といふことに固執するのは、決して木当の人間となる所以《ゆゑん》でない。』と。この主張は一見甚《はなは》だ道理あるやうに見えて、実は抽象的な断見《だんけん》である。試みに訊ねる、いづれの処にか梅に非ず、桜に非ず、乃至《ないし》牡丹にも非ざる『花』があるか。花は一つの理念としては存在する。併《しか》し此の理念は、必ず桜・梅・桃・菊などの特殊の花として咲き出ることによつて、初めて実在となるのである。それ故に梅花は梅花として咲く以外に、決して花となることは出来ない。桜花が桜花として咲くことによつて、花の理念が初めて実在となり、花の花たる所以《ゆゑん》が発揮されるのである。そして此事は人間の場合でもまさしく同然である。

拒むべくもない事実として、一切の人間は必ず孰《いづ》れかの国家又は民族の一員として生れ出る。日本人に非ず、中国人に非ず、米国人にも非ざる『人間』は、実在としては決して何処にも存在しない。『花』の場合と同じく『人間』は唯だ一つの理念として存在するだけであり、この理念は必ず日本人・中国人・米国人等々の民族又は国民として実現される。それ故に日本人は日本人として、米国人は米国人として、それぞれの面目を発揮することが、取りも直さず『人間』の面目を発揮することになる。従つて本当の国民となつてこそ、切めて本当の人間ともなり得る道理である。この順序を誤るのは、抽象的議論から来る顛倒《てんたう》の見である。吾々日本に生れた者は、本当の日本人となる以外に、決して本当の人間となる道がない。此事は私から見れば殆《ほとん》ど自明の理であるが、いまの日本には建国を記念する紀元節なく、国祖を祀る神武天皇祭もなく、人は殆《ほとん》ど自分が日本人であることを忘れたかに見えるのに、非常の国難ひし〳〵と迫り来て、俄《にはか》かに愛国心の振興が力説され初めるといふ奇怪至極な状態であるので、筆の序《つい》でに一言したのである。

国土防衛のために愛国心が必要なことは言ふまでもないが、さてその愛国心が何《ど》うして振ひ起せるかと問へば、日本を愛するに足る国家にするのだと答へる。何《ど》うして左《さ》うするかと問へば、国民の生活を楽にすることだ、それだから経済復興が何よりも急務だと答へる。併《しか》し国難は切迫して居る。ここ数年間に果して日本は国民が死守して国土を守りたくなるほど生活が楽になるか。久米正雄氏の如きは、そんな見込は絶対にないと諦めたと見えて、日本は米国の一州になつた方がよいといふ意見を公表して居る。そして久米氏が日本政府を信用せぬやうに、共産党はソ聯の一聯邦にならなければ、日本国民は金輪際塗淡の苦しみから救はれないと信じて居る。若《も》し経済的約束を愛国心養成の最大条件とするならば、同じ約束による共産党の非愛国心煽動と太刀打ち出来るであらうか。衣食を約束して愛国心を求めることは、金で貞操を買ふのと同じで、金の切れ目が縁の切れ目となるだけである。多くの人々が自分は日本人であることを忘れ、日本人であるよりも米国人やロシア人になりたがる者さへ少くない時に、日本の建国を顧みない指導者たちが、如何なる号令を下し、如何なる約束をしたところで、国民の胸に愛国心を湧《わき》立たせることは恐らく不可能である。国民をして日本を愛させるためには、先づ之を日本人にしなければならぬ。いや、他人はともあれ、少くとも自分だけは大西郷が示してくれた日本人の道を進まう。

大西郷は『聖賢にならんと欲する心なく、古人の事跡を見、迚《とて》も企て及ばぬと云ふ様なる心ならば、戦に臨みて逃ぐるより猶《なほ》卑怯なり。』と教えて居る。

この教訓は、英雄的精神を鼓吹《こすい》することは、畸形児を養成するものとして非難される当今の教育論とは、まさしく正反対に立つものである。米国の教育は良民を造るのが目的であるから、日本も之に倣つて凡人教育で往かなければならぬといふのが、日本の教育方針であるやうに見える。そして世間を見渡せば、生物としての生存競争に有能であることが何よりも重んぜられ、感覚を喜ばす快楽が何よりも欣《よろこ》ばれ、金銭に換算される利益が何よりも貴ばれ、それ以外のものは総て当世にそぐはぬものとして斥《しりぞ》けられて居る。かやうな時代に『人間と生れた以上は聖賢になれ』迚《とて》もなれませぬなどといふ者は、戦場で刀を捨てて逃げるよりも卑怯な人間だ。』と言ふのであるから、世間の人々は之を聞いて『何と非民主主義的な思想だらう。』と言ふであらう。

併《しか》し人間に向つて聖賢になれと教えたのは大西郷だけでない。徳川時代の最も常識円満な学者で、良民の典型とも呼ばるべき貝原益軒でさへ、人間は『天下第一等の人たるを志すべし。』と教えて居る。中江藤樹は世にも稀なる謙遜な村夫子であつたが、それでも『聖人豈《あに》学んで至る可《べ》からざらんや。』と覚悟して、後には近江聖人と呼ばれるやうになつた。伊藤仁斎も『人若《も》し志を立てて回《かへ》らず、力《つと》め学んで倦《たゆ》まざる時は、以て聖たるべく、以て賢たるべし。』と言つて居る。聖賢とは詮ずるところ真個《しんこ》の人間といふことであるから、儒教を指導原理とした日本の教育は、真個《しんこ》の人間を養成することを主眼としたのである。

併《しか》し之は決して儒教だけのことでない。苟《いやし》くも教と名のつくもので、人間は完全な人格者になれと教えぬものはない。仏教は真向から人間は誰でも仏に成れるぞと説いて居る。仏教は仏陀即ち覚者の教訓であり、覚者とは何であるかを説く教であり、何《ど》うすれば覚者に成れるかを説く教である。無尽の煩悩を断ち、無量の法門を学び、無上の仏道を成じ、無辺の衆生を済度《さいど》したいと誓願するのが仏教信者の理想である。当今の人々は儒教や仏教を骨董品扱ひするかも知れないが、昨今米国が著しく日本伝道に力を入れ初めた基督《キリスト》教でも、人間を神と等しい者にすることを最後の理想として居る。それは基督《キリスト》が山上の教訓で『汝等天父の完きが如く完くなるべし。』と教えて居ることで明白である。其上に基督《キリスト》は『吾を見し者は父を見しなり。』と宣言して居るから、基督《キリスト》教徒は皆な基督《キリスト》のような人間となることを理想として居る筈《はず》である。名高いトマス・ア・ケムピスの『基督《キリスト》のまねび』は、基督《キリスト》を至高善の権化として、信者を之に倣はしめようとするものであるから、若《も》し此本の名前を儒教風に飜訳すれば『聖人の道』となる。

聖賢にならうといふ理想を確立することを儒教では立志と呼ぶ。立志は道徳的意義では仏教の懺悔《ざんげ》及び発心、基督《キリスト》教の悔改《くひあらため》及び回心と殆《ほとん》ど同一の内容を有《も》つ。悔改とは心を一変するといふ意味の希臘《ギリシャ》語 Metanoia の飜訳であり、消極的には現実の自己を恥ぢること、積極的には一層高い生活に入らうとする志を抱くことである。懺悔《ざんげ》は恐らく梵語 Kśama の漢訳で、本来は罪の赦しを乞ふ意味である。罪の赦しを乞ふことは、現実の生活を否定して理想の生活に入りたいと願ふことである。発心が仏陀にならうといふ志を抱くことであることは言ふまでもない。

理想を確立して之を実際の生活に実現して行く人、即ち志を立てて之を遂行する人を、或《あるい》は君子と言ひ、或《あるい》は丈夫《ますらを》と言ひ、或《あるい》は志士と言ひ、或《あるい》は単に士と呼んで、之を凡夫又は小人と区別して来た。凡夫又は小人とは、志なき者、理想に生きざる者、自然的生活に満足する者のことである。今日では志士又は有志家と言へば、専ら政治運動や社会運動に奔走する人々を指すことになり、殆《ほとん》どボスの異名のやうになつて居るが、昔の志士は即ち然らず、志士仁人と並び称せられて、一身を殺して理想に殉ずる雄健《ゆうけん》なる人生の戦士であつた。

かように立志とは聖人たらんとの理想を確立することであるとすれば、人格的生活の公理は、総ての人間には聖人になり得る可能性が本来具はつて居るといふこと、即ち人格の無限性といふことでなければならぬ。若《も》し此の可能性が吾々に具はつて居ないとすれば、道又は道徳といふものは、結局附焼刃《つけやきば》といふことになる。そうだとすれば、道や道徳は外から吾々を律するものとなり、吾々の内面的生活に対して本当の権威を有《も》たぬことになるから、吾々は何時でも之に向つて謀叛の旗を掲げることが出来る。道は須臾《しゆゆ》も離るべからず、離るべきは道に非ずと言はれるのは、道とは人間の本性に具はる法則に従ふことだからである。この人格の無限性をカントは道徳的天賦と名づけ、それが決して外から来たものでないことを下のやうに説いて居る――『吾々の感性をして道徳のためには如何なる犠牲をも払はしめる能力を吾々が所有して居ること、為《な》すべき事を容易に且《か》つ明白に知りて之を実行する力があること、感覚者に対する此の超感覚者の優越、吾等の裡《うち》に本具《ほんぐ》なる此の道徳的天賦は、げに常に昂まり行く至高の驚異の対象である。而《しか》も此の不可思議に迷はされ、若《も》し吾々の裡にある此の超感覚者を、超自然的なる者即ち吾々の力ならざる者、本来吾々に属せざる者、吾等ならぬ一層高い聖霊の力なるかに考へることは謬りである。』

道徳の自律性といふことは、カントによつて最も周匝《しうさう》徹底した論理を与へられたのであるが、敢《あへ》てカントを待つまでもなく、孟子が既に『仁義礼智は外より我を鑠《しやく》するに非ず、我固《もと》より之を有するなり。』と言つて居るし、陸王の学は最も此の一点を力説して、道徳は決して心外から心内に入り来るものでなく、却《かへ》つて人心の裡にある道念が外に向つて発するものであることを明《あきら》かにしようと努めて居る。

吾々の先祖は、日本人の一人々々を『分霊《わけみたま》』と呼んで居た。これは日本人は共通普遍の偉大なる生命即ち『大霊《おほみたま》』の特殊の現れと信じて居たからである。個々の人間は分霊であるから、その本質に於て神聖なる者である。神聖なる者の納まつて居る所は神社であるから、分霊たる吾々の住んで居る家は直ちに神社たるべきものである。此事を反省するために正月を機会として芽出度《めでた》い儀式が行はれる。即ち正月には何《ど》の家にも注連縄《しめなは》を張る。注連縄を張るのは神聖なるものの存在を示すためである。即ち私の家に注連縄を張るのは、大川の家は本来大川神社であるぞといふことを、少くとも一年に一度は反省するためである。

既に分霊として神たるべき本質を具へて居るのだから、見事に本質を発揮すれば神となることに何の不思議もない。其等の人々はミコトと呼ばれて神々に祀られて来た。ミコトのミは『美しい』といふ意味、コトは『事』即ち『実現』の意味であるから、ミコトとは『美しい実現』である。それ故に名も無き民でも、一旦君国のために戦つて忠死すれば、存分に分霊の本分を発揮したものとして、靖国神社に祀られる神々となる。世のため人のために尽して立派な生涯を送つた人々が神々に祀られるのも同様の理由からである。それ故に『人格の無限性』といふ公理は、素直な日木人には素直に受け容れられる道理でなければならぬ。

かように吾々の裡には無限の可能性が潜んで居るのであるが、種子が直ちに樹木でないやうに、あるが儘《まま》の人間は聖人でも神でも仏でもない。唯だ完全な人格的生活の基礎となるべきものを具へて居るといふだけである。言ひ換えれば、蒔けば芽を出して大木となる種子があるといふことである。然らば吾々が本来自分の裡に有《も》つて居る色々な素質のうちで、本当に人格的生活の基礎となるべきものは何か。私は先づ此事から考へて行く。

人格的生活の基礎となるもののうち、私が第一に挙げたいのは羞恥《しうち》の感情である。人間と動物とを区別するために色々のことを挙げ得るが、唯だ一つで人間と動物とを分ける物尺を挙《あげ》よと言はれるならば、私は直ちに『恥を知る心の有無である。』と答へたい。それ故に私は孟子が『羞悪《しうあく》の心なき者は人に非ず。』と言つたのは、千古不磨の真理を道破したものと考へる。人間の恥を知る心は、発するところ多端ではあるが、その最も本原的なものは、自分の自然的生活、わけても性的行動を赤裸々に露《あらは》すことに対して抱く羞恥の情である。人間は紛ふかたなき一個の動物であるから、動物としての人間は必然生物学的法則に支配され、動物と共通する生活を営まなければならない。男女相慕ひ、飢えては食ひ、渇しては飲むのは極めて自然な生活であるだけでなく、人間がその生命を存続するために必要なもの、従つて適当に満足させなければならぬものである。然るに人間は、動物のうちで人間だけが、何故に其の自然の生活、即ち自然に支配される生活を、在るがままに曝《さら》け出すことを恥《はづ》かしがるのか。

先づ明白な論理によつて、人間が恥《はづ》かしく感ずることは、恥《はづ》かしく感ずるものを超越した何者かが、人間の裡にあるからでなければならぬ。人間が自然的生活・肉体的生活を恥ぢるのは、之を超越した或《ある》者が人間の裡にあるからである。この人間に内在する或《ある》者が、肉体的生活や之に伴ふ一切の感情欲求よりも、一層人間的なもの、自分に取りて一層貴いもの、即ち一層価値の高いものと感ぜられるからこそ、肉体に支配されることが人間としての本当の面目を損《そこな》はれるやうに感じて、茲《ここ》に羞恥《しうち》の心が湧いて来るのである。それ故に羞恥の感情は、劣れる価値のものに支配され、そのために人間の人間たる所以《ゆゑん》が没却し去られることに対して抱く不安不満の心であると言ひ得る。

試みに禽獣《きんじう》の生活を見るがよい。彼等は唯だ特殊の生物として現れた特殊の生活に固着したきりで、生れて死ぬまで自然的自己に囚はれ、少しも之から出離することが出来ない。彼等は其の特殊の生活に伴ふ一切の自然的欲求に対して、ただに恥ぢるところがないのみならず、如何なる手段によつてでも之を満足させることにのみ汲々として居る。それ故に打ち見たるところ禽獣《きんじう》の生活は如何にも自由奔放のやうであるが、実は飽迄《あくまで》も自然的自己に縛られ、その生命の流れは自己といふ特殊の限界に閉ぢ籠められて居る。唯だ人間だけが、羞恥の心あるが故に能く自然的自己に克ち、自己に克つが故に動物的必然を超出し、それによつて初めて人間的なる生活、取りも直さず道徳的なる生活に入るのである。

それ故に孟子が羞悪《しうあく》の心は義の端なりと言つたのは、まことに透徹した洞察である。道義感情と呼ばれるものは、詮ずるところ羞恥の感情である。現に『私は恥《はづ》かしい』といふことは、まさしく『私は之を悪いと感ずる』といふ意味である。狭い意味での道徳は『義』といふ一字で最も適切に表現されると思ふが、義即ち道徳の人性に於ける自然的基礎は、取りも直さず羞恥の感情である。

併《しか》し羞恥は一個の感情であるから、それ自身は善でも悪でもない。言ひ換えれば羞恥そのものは道徳的でない。それは唯だ道徳の『端』である。それが道徳的となるためには必ず鍛練陶治（陶治＝とうや）を経なければならぬ。人は往々にして恥づべきを恥ぢず、恥づ可《べ》からざるを恥ぢる。吾々は何を恥ぢ何を恥ぢてはならぬかを、はつきり見定める必要がある。女は腕力がないからとて恥ぢる必要がなく、学者は料理が下手でも恥ぢるに及ばない。人間が本当に恥ぢなければならぬのは、自己の真面目が没却されようとする時である。之を抽象的に言へば、人間的ならざるものによつて人間が支配される時、自然のために精神が左右される時、かような場合に於て吾々は耻ぢるところ無ければならない。而《しか》も具体的事実としては、一切の人間は皆それぞれ一ありて二なき個性を有し、且《か》つそれぞれ独一無二の分担を現実生活に於て荷《にな》つて居るので、的確に自己の真面目を把握するためには、深刻徹底せる反省を要する。

羞耻の心と相並んで、人格的生活の自然的基礎たるべきものは愛憐の情である。知耻《ちち》の心は、人間だけが之を有《も》つて居る。それは人間でないものから人間を分ち、惹《ひ》(ママ)いては一人の人間から他の人間を別《わか》ち、各人をして独自の面目を確立させる力たるべきものである。然るに愛憐の情は、人間以外の動物にもあり、自他を別《わか》つのではなく、却《かへ》つて自他を融合させる力となる。それは親が其子に対して抱く愛情に於て最も本原的な相《すかた》《すがた》を示し、羞耻の場合と同じく発するところ多端を極めて居るが、深く根柢に探り入れば、自分と等しい生命を有するもの、価値に於て自分と同位なるものに対して、その生々発展を希《ねが／こいねが》ふ感情である。

孟子は、人が小児の井戸に陥らうとするのを見て惻隠《そくいん》の情を起すのは、決して小児の両親に交際を求めるためでなく、郷党朋友に誉めそやされたいためでもなく、不人情と誹《そし》られるのを恐れるためでもなく。（ママ）実に人に忍びざる心の自然の発露であるとした。忍び得ないと言ふのは、生命の害《そこな》はれるのを見るに忍びないのである。そして吾々が本来この感情を具へて居るのは、吾々の生命が多かれ少なかれ他人の生命の裡に入り込み、他人の生命も吾々の裡に入り込んで居るからである。それ故に吾々の心中には、自分は他人のために、他人は自分のために生きることによつて、相互の生命を完うしようといふ根強い要求がある。この要求があるから、吾々は自分以外又は以上の生命との交流を求める。そして吾々の生活は他人のための生活、他人の生活は吾々のための生活となる。偉人とは其の一ありて二なき個性を発揮することによつて、普通の人よりも遥に多数の人々のために生き、それだけ多数の人々が彼を通じて生き、また彼のために生きる人を謂《い》ふのである。基督《キリスト》が首《かしら》たらんとする者は僕《しもべ》たるべしと言つたのも、まさしく此の意味である。

自我を以て単に個体の中に限られて居るものと考へることは明白に謬見《びうけん》である。単に生理的に考へても、吾々の身体髪膚《はつぷ》は祖先の細胞の分裂であり、子孫の身体髪膚もまた吾々の細胞に外ならない。若《も》し此の関係を前後に際限なく辿《たど》り往けば、一切衆生は悉《ことごと》く同一生物であるといふことも出来よう。そして之と同様なる関係が吾々の精神生活で幾層倍の複雑を以て行はれて居ることは、何人《なんびと》も拒み難い事実である。吾々の意識的活動は、総て一層大なる意識を根柢とせざるものはない。現に私の精神の中には、ギリシヤ人、ローマ人、ユダヤ人、中国人などの精神が、私の精神の一部となつて生きて居る。個人的生命は決して独立して他と関係なき孤立的実在でない。個人的生命の背後には之を統一する更に偉大なる生命がある。そして此の生命の結合は、親子の間に於て最も端的であるから、愛情の最も本原的なるものが、先づ親子の間、わけても母子の間に起るのは極めて自然である。そして此の愛情が人間の共同生活の基礎である。共同生活とは、自分の生命を他人の生命の上に、他人の生命を自分の生命の上に実現する生活である。そして共同生活の質を見事に実現するための努力が、取りも直さず政治である。それ故に政治の人性に於ける自然的基礎は、この愛憐の情である。此点でも孟子の観察は鋭く且《か》つ正しい――『人皆な人に忍びざる心あり、先王人に忍びざる心ありて、斯《ここ》に人に忍びざる政あり。』

さて愛憐の情も羞恥の情と同じく、之を自然の儘《まま》に発露させるだけでは道徳でない。惻隠《そくいん》の心は仁の端であつて、仁そのものではない。単なる愛憐の情は啻《ただ》に道徳的でないのみならず、往々にして不道徳なる場合もある。わけても愛情が偏局《へんきょく》する場合は、愛憐本来の意味を失ひ、却《かへ》つて自他の生命の長養を妨げることもある。それ故に此の自然的基礎の上に人格的生活を築き上げるためには、本当に愛すべきものを明白に認識し、適切なる愛を之に注がなければならぬ。

吾々は自分より価値の劣れるものに対しては、之に支配されることを恥ぢる感情を有し、自分と価値の同じいものに対しては、之を自分と同じく生々発展させようとする愛情を抱く。そして吾々は此等の二つの感情の外に、自分よりも価値の優れるものに対して、敬畏《けいゐ》し、信頼し、帰依する感情を自然に具へて居る。この感情もまた親子の間に最も本原的に現れる。子がその親に対して抱く敬畏信頼の心は、羞恥や愛憐とはその範疇《はんちゆう》を異にする感情で、儒教で『敬』と名づけられる道徳の自然的基礎となつて居る。

愛憐の情は自他の平等を根本の条件とする。吾と等しい価値ある人間であればこそ、己れの欲するところを施し、欲せざるところを施さないのである。それはヴージルの詩の一句に『われ自ら悩める故に、吾は悩める彼等を助くべきことを知れり。』とある通りである。若《も》し自分と他人とは本質的に相違して居ると考へて居るならば、愛憐の情は決して起らない。現に昔の印度《インド》の婆羅門《バラモン》族は、本質的に首陀羅《シュードラ》族とは異なれるものと信じて居たから、之に対して全く無情であつた。曽《かつ》ての白人殖民者も黒人に対して同様であつた。両者の関係は全く不平等の上に立つて居たから、吾身に引きくらべて彼等を思ふことが不可能となるのである。然るに之とは反対に、子の親に対する感情は、不平等を条件として起るのである。子は本能的に親を自分よりも優れるものと感じ、自分は親に依存して居ることを感じ、之に伴つて親を敬ひ畏れる感情を抱く。現に小供がその親に対して加へられる侮辱や危害を見る時に自然に湧く感情は、友人や隣人が同様なことに遭遇した場合に起る感情のやうに、単なる同情や憤怒ではなく、瀆神即ち神聖なものが汚されるのを見る時に湧いて来る深刻な心の痛みである。

子が親に対してかやうな敬畏の情を起すのは、親は自分の生命の本原だからである。人間は唯だ親の生命を通して宇宙万有を貫く生命と直接に相連《あひつら》なる。親を自分よりも優越せるものと感ずるのは、一切の価値ある者のうち、至高の価値あるものは此の万有を貫く生命であり、親は子にとりて其の生命の焦点であるからである。そして其れが価値あるものと意識される以上、必然之を自分の生命に実現したいといふ要求が生れる。もとより人間は最初から此の普遍的生命を認めるのではない。初めは此の生命の種々相を個別に認め、竟《つひ》に全相を統一する最後の実在に到達する。この生命を自分の裡に摂し、自分を此の生命に託したいといふ願ひは、人性の至深処に発して徐《おもむろ》に全我を包み去る厳粛なる要求である。この要求並《ならび》にその実現の努力が、人格的生活から抽象されて『宗教』と呼ばれる。従つて宗教の人性に於ける自然的基礎は、この敬畏《けいゐ》信頼の感情である。

この感情もまた人格的生活の自然的基礎たることに於て、羞恥・愛憐の情と異なるところない。それ故に徒らに自然の発露に任せて置けば、敬ふべからざるを敬ひ、帰依すべからざるに帰依して、却《かへ》つて人格的生活の完成を阻《はば》むことになる。私は仏教や基督《キリスト》教を初めとし、謂《い》はゆる既成宗教の人生に対する価値は、其の特別なる信仰・制度・儀礼によつて、この感情を浄化し、自然的感情を精神化する点にあると信ずる。これ各種の宗門が、月を指す指に譬《たと》へられる所以《ゆゑん》であらう。月は指が示す方向に輝いて居る。併《しか》し月光を仰ぐためには、其眼を指から離さねばならぬ。若《も》し然らずば、指を眺めて、一生を終ることになるであらう。かくては宗教も人生を固陋《ころう》窮屈《きうくつ》なるものとするだけである。

一〇　克己・愛人・敬天

羞恥・愛憐・敬畏の感情は、吾々が自分よりも下位なるもの、自分と同等なるもの、自分よりも上位なるものに対して、自然に発する人性本具の感情である。吾々の一切の道徳的関係は、結局叙上三者の外に出ないのであるから、此等の三つの感情は、吾々の人格的生活の自然的基礎であり、この基礎の上に正しい生活原則を打立《うち》てねばならぬことは、事物必然の論理である。然るに吾々よりも下位なるもの、吾々と同位なるもの、吾々よりも上位なるものは、前に述べたやうに天地人と呼びならはされて来たから、人格的生活の原則とは、取りも直さず天地人に対する道である。完全なる人間になりたいといふ吾々の道徳的要求は、天地人に対してそれぞれ正しい関係を実現することによつてのみ之を満足《まんぞく》させることが出来る。そして大西郷は、この人格的生活の原則として、克己(己克)・愛人・敬天の三を提示《ていじ》した。即ち地に対する道としては克己、人に対する道としては愛人、天に対する道として敬天である。私は之によつて大西郷が如何に明確に倫理的原則を把握して居たかを知ると同時に、之を実践躬行《きゆうかう》して錬え上げた彼の人格の荘厳を今更のやうに景慕し乍《なが》ら、その一々に就て私の見たるところを述べて往く。

第一には地に対する道としての克己である。『地』とは価値に於て人間よりも下位にあるもの、即ち精神に対して謂《い》はれる『自然』である。そして自然的なるもののうちで、吾々と最も直接に連なるものは、吾々自身の肉体的生活と、之に伴ふ感情や欲望である。そして其等の一切の肉体に即する要求のうちで、最も強烈なるは男女の欲である。然るに人間の精神は、その極めて低い発達の段階にあつた時でさへ、既に此の欲求に征服され支配されることを恥ぢた。旧約聖書にアダムとエバが禁断の果実を食つて其眼が開いた時、初めてその裸体なることに気付き、無花果《いちじく》の葉で腰辺を蔽《おほ》ふたと記して居る。これは甚《はなは》だ意味深い神話で、アダムとエバは、その裸体を恥ぢた時に、そして之を恥ぢたことによつて、初めて動物的生活から超出し、従つて初めて人間の祖先となり得たのである。

見渡したところ一切の生物は、意識的又は無意識的に、種族存続のために生きて居る。植物などは唯だ花を咲かせ実を結んで、自分の生命を次の代に伝へて行くこと以外に、如何なる生存の意味もないやうに見える。それ故に多くの草は、実を結べば直ぐ枯れ果てる。動物の場合でも、生きて居る主目的は、犬や猫として現れた生命の特殊の相《すがた》を、生殖によつて永遠に続けて行くことに在る。だから個々の動物は、唯だ与へられた有機体の特殊相を、過去から未来に伝へる連鎖の一環として出現したものとも見ることが出来る。従つて動物にとりて無上至極の関心事は生殖といふことであり、性的本能は総ての本能のうち比類なく強烈である。それ故に動物は全く無条件に性的欲求に服従し、如何なる顧慮も自制もなく、まつしぐらに此の本能の導くままに行動する。

　人間も一個の生物である限り、男女の欲が人生に対して強大なる力を有することは言ふまでもない。それにも拘《かかは》らず動物に対して至高無上の力を有する性欲が、人間の場合に却《かへ》つて恥づべきものとされることは、深い意味あることでなければならぬ。此事は先づ第一に人間が単なる動物でないこと、即ち単なる動物を超出したものであることを確実に立証して居る。吾々が羞恥の情を感じるのは、動物の如くなることを恥ぢるのである。然らば性的に動物の如く行動するとは如何なる意味であるか。動物にとりては、永遠無限といふことは、唯だ種の存続といふ外面的・自然的進行のうちにある。個々の動物の生存の最高の目的は、種の永遠の存続といふ外面的事実に存するのであるから、この目的のための手段又は道具となることが其の生存の最後の意味であり、従つて生殖は動物的生活の本質を形成して居る。然るに人間は、自然的進行のうちに、他動的又は無意識的に永遠に参加するのではなく、自分自身のうちに永遠無限を実現しようとする。吾々が生きるのは、人間といふ有機体の特殊相を、生殖によつて子々孫々に伝へるだけでなく、不朽なる自我の確立によつて、永遠の生命を自分で攫得《かくとく》するためである。吾々は吾々自身が目的であつて、如何なるものの手段でもない。吾々は永遠の生命の手段であることには満足せず、自ら永遠の生命の護持者たらうとする。従つて人間に於ける男女の欲は、決して動物に於けるが如きものであつてはならぬ。人間は此の欲求を支配すべきもので、盲目的に之に屈従してはならぬ。そして此の欲求は、自然的生命の最も根本的な力であるだけ、之に対する態度に於て、それだけ吾々の人間性が本質的に現れる。されぱこそ昔から性欲の禁制が、道学者や宗教家によつて甚《はなは》だしく力説されて来た。宗教に於て特に然りである。

さり乍《なが》ら全然男女の欲を禁遏《きんあつ》することは、之を総ての人に求むべくもなく、また望ましいことでもない。吾々の性欲に対する態度は、性欲以外の自然的生活並《ならび》に之に伴う感情欲求に対して左様でなければならぬやうに、先づ之を克服し、進んで之を精神化することでなければならぬ。人間の場合、性欲は恋愛となることによつて、すでに自然から精神にまで挙揚されて居る。恋愛は今日の学者が好んで主張するやうな、美しい仮面を被つた性欲でない。それは自然的欲求が精神化されて高き情操となつたものである。その本質は、プラトンが説破したやうに、男女が其の失つた半分を互に求め合つて、一個の『人間』とならうとすることである。それは単なる生殖の希望でなく、最も具体的な人格的生活を慕ふこころである。中庸に『君子の道は端を夫婦に造《な》し、その至れるに及んでは天地に察《あきらか》なり。』とあるのは、正しい性的生活が人格的生活の根柢なることを洞察せる言葉である。

男女の欲に次で根本的な自然的欲求は、飲食の欲である。そして人間の場合は、他人の慈悲に露命をつなぐ乞食でさへ、犬や猫に与《や》るやうに食物を投げてやれば、飢を忘れて憤りを発することもある。人間は乞食でさへも犬や猫のやうにして其の食欲を満たすことを肚ぢるのである。渇しても盗泉の水を飲まぬところに、自然を超出した人間の面目が現はれる。『武士《さむらい》(ママ)の子といふものは、腹がへつても飢《ひも》じうない。』と言はしめる政岡流の教育は、人間に偽善を強いて天真爛漫の発達を傷《そこな》うといふ非難は、吾々が屢々《しばしば》耳にするところである。喜怒哀楽を色に出してはならぬといふ東洋伝統の躾《しつけ》も、また常に同様の非難を受けて居る。総じて人間界では、百利あつて一害なく、百害あつて一利ないといふやうなことは決してないのであるから、東洋風の教育にも勿論《もちろん》多少の弊害を伴はぬとは言はない。但し東洋伝統の教育が拠つて立つところの根本義は、実に万代不易のものであり、軽々しく之を非難することは、却《かへ》つて其人の浅薄を暴露するものである。教育の志すところは、人間をして人間たらしめることにある。そして飢えて食はず、悲しんで泣かず、怒つて叫ばざる底の修養は、人間の真実の面目を発揮する上に、断じて欠き難い鍛練である。人間はただに『腹がへつても飢じうない』のみならず、自ら進んで餓死することさへも可能であり、また其の餓死によつて人格の権威を不滅に確立することも出来る。かやうにして伯夷叔斉《はくいしゆくせい》は、周の粟を食むことを耻ぢ、餓死して顧みなかつたために、其風を聞く者をして、頑夫《ぐわんぷ》も廉に、儒夫《だふ》も志を立てるに至らしめるのである。

かやうに考へ来りて、吾々は孔子の克己復礼といふ深遠な教訓に想到する。礼とは自然的生活を人間的に営むことに外ならない。一切の自然的欲望は、人間も生物である以上、必ず適当に之を満足させなければならない。而《しか》も吾々は之を禽獣《きんじう》のやうにして満足させることを恥ぢる。それ故に吾々は自然的生活を人間的に営もうとするのである。西晋一郎博士が甚《はなは》だ適切に説明して居るやうに、礼とは『人間の自然的生活と、それを超出する精神力との融合。』である。礼は、人間の自然的生活を節制し、その醜いところを去つて之を美化し、一面では必要な自然的欲求を満たしながら、同時に他面では之を超《てう》出《しゆつ》し支配し行くところに、一切の人間的なもののうち、最も人間的な面目を有《も》つて居る。孔子が克己復礼を説き、非礼視《み》る勿《なか》れ、非礼聴く勿《なか》れ、非礼言ふ勿《なか》れ、非礼動く勿《なか》れと教えたのは、人間は動物のやうに視《み》たり、聴いたり、言つたり、行《おこな》つたりしてはならぬとの意味である。

さて吾々は自分の衷《うち》にある自然に支配されてならぬやうに、外にある自然即ち『物』に支配されてはならぬ。物が人生に対して有する恐るべき力は、その最も象徴的なる黄金の場合に於て特に明瞭である。基督《キリスト》は『富者の天国に入るは駱駝《らくだ》の針の孔《あな》を通るより難《かた》し。』と言つた。富者とは黄金に支配され居る人の意味である。古来如何に多くの人々が黄金のために其の人格を傷《そこな》はれたか。黄金を獲得し且《かつ》所有したいといふ度に過ぎた欲が、如何に多くの人々を人間ならぬ『守銭奴』に堕落させたか。日本の武士が手を金銭に触れることをさへ恥ぢたといふのは、武士の体面を黄金のために汚されまいための要慎であつた。さればこそ古人も飲食男女の欲と相並んで、金銭の欲を戒めて居る。

外にある自然即ち『物』によつて支配されぬといふ点で、大西郷ほど立派な模範を吾々に示してくれる人は少ない。彼が明治維新第一の功労者たることは何人《なんぴと》も異存ないところであつたから、その論功行賞に際しては、木戸・大久保の両元勲が千八百石を賜《たま》はり、従三位に叙せられたのに、独り大西郷だけは二千石を賜《たま》はり、正三位に叙せられた。併《しか》し彼は固辞して之を受けなかつた。明治四年に聖旨によつて出京し、木戸と相並んで政府の首位に坐つた参議時代にも、雨が漏る粗末な借家に住み、木綿の着物を纏《まと》ひ、握飯《にぎりめし》を弁当にして太政官《だじやうくわん》に出勤した。そして金銭には極端に執着がなかつた。大隈重信の座談を集めた『早稲田清話』の中に下のやうな一節が載つて居る――『どういふものか薩摩人は能く財を好む、財には甚《はなは》だケチである。能く集めることを知つて能く散ずることを知らぬ。其中に於て老西郷の如きは先づ出色な人であつたらう。月給などは何時も弟に大半費はれて仕舞ふ、弟の従道といふ男がまた非常にズボラで始末に終《(ママ)》へぬ。明治の初年の参議の月給は六百円であつたが、老西郷はあゝいふ恬淡《てんたん》な性質であつたから、月末にそれを受取つて来ても、キチンと始末するでもなく、ともすると其処らの棚かなんぞの上にでも放つたらかして置くと、弟の従道は得たり賢しと早速それを頂戴して出掛けてしまつて、姿も見せずに綺麗に遣《つか》ひ果たすといふやうな事も珍しからぬ、それを兄の西郷は格別気にも留めぬ様子らしかつた。』

併《しか》し茲《ここ》に吾々の最も注意しなければならぬことは、大西郷は決して金銭にだらしなかつたのでないということである。彼は明治五年に帰国した時、其父が何十年以前に借りた二百両の金を返した上、その借用証を返してくれと頼んで居る。これは彼が金銭について極めて几帳面であつた証拠である。子孫のために美田を買はずといふ大西郷の詩句は殆《ほとん》ど知らぬ人がないが、彼は美田を子孫に残さぬ代りに、一文の借金をも残さなかつた。松方正義は斯《か》う語つて居る――『世の中は不思議なもので、万事に緻密であるやうな大久保さんは、何の貯畜も残さず却《かえつ》て借金を余《のこ》して死んだ。非常に磊落《らいらく》で無頓着のやうに思はれて居る西郷さんは、一家の勘定は立派にして、貸しもせず借りもせずに経済を立てて行かれた。』此事は大西郷が金銭の人生に対する意味を十分に知つて居りながら、決して之に支配されなかつたことを示すものである。

自然そのものは、吾々の内にあると外にあるとを問はず、それ自身では善でも悪でもない、善悪は自然そのもののに具はつて居るのでない。自然は之に対する吾々の態度によつて、善くもなり悪くもなる。例へば此処に一つの茶碗がある。私が此の茶碗で快く茶を飲む時は、まことに便利な善い道具である。併《しか》し私が肝癪(ママ)を起して、その同じ茶碗を他人の頭は(ママ)投げつける時は、忽《たちま》ち人を害する凶器となる。其他の場合も之と同様で、物の善悪は吾々が之に対して正しい関係を実現するか否かによつて定まる。

自然に対する道、即ち自然との関係に於ける吾々の人格的生活は、三つの契機《けいき》から成り立つ。その第一は自然と精神との対立を意識し、且《か》つ精神が自然よりも優れるものであることを意識すること、第二は精神の優越を確立するために自然を克服すること、第三は克服した自然を精神化することである。此等の三つのうち、人間が生れながらに有《も》つて居る羞恥の感情か(ママ)、すでに吾々のために自然的基礎を与へて居るし、第三は吾々が自然に対する精神の優趣(優越の誤植か)を確立した程度に応じて実現されて行くのであるから、人格的生活に於て主として対象となるのは第二即ち自然克服のための努力、即ち精神の独立のための戦である。それ故に昔から克己制欲が力説され、大西郷も『身を修するに克己を以て終始せよ。』と教え、自ら之を実践したのである。かやうに克巳（克己）制欲は人間が本当の人間となるために大切なことであるので、道学者のうちには禁欲を最高の善、即ち人生の究竟《くつきやう／きうきやう》目的とさへ説く者がある。併《しか》し克己制欲は人格的生活の第一条件ではあつても、決して最後の目的ではない。克己は其自身が目的でなく、不朽の自我を確立するための手段である。

　己れに克つこと、即ち自然を克服することは、明《あきら》かに人格的生活の基礎である。併《しか》し克己は、天地人に対する三つの関係の一つに外ならないから、吾々の道徳は是だけでは全きことを得ない。此事は二三《にさん》の事実を挙げれば直ちに明瞭となるであらう。例へば印《イン》度《ド》の苦行者を見よ。その或《ある》者は多数の長い釘を逆さに打《うち》つけた板の上に坐つたり寝たりして居る。或《ある》者は二本の脚を樹の枝に縛つて逆さにぶら下つて居る。或《ある》者は片方の手を空中に差上げたまま幾日も結伽《けつか》（結跏）趺坐《ふざ》して居る。或《ある》者は一ヶ月乃至《ないし》二ヶ月の断食をやつて居る。彼等の難行苦行は、親しく其目で見た人でなければ信じ難いほどの自己苛責である。その己れに克つ力、苦痛に耐える力は驚嘆に堪えぬものであるが、かやうな克己は人生を高めずして却《かへ》つて之を堕落させるだけである。西洋古代史の末期に、埃及《エジプト》で盛んであつた基督《キリスト》教の禁欲主義も、全く同様の過誤に陥つて居る。アナトール・フランスの小説『タイス』を読んだ人は、埃及《エジプト》の沙漠《さばく》で行はれて居た其頃の修道僧の禁欲生活の実情、並《ならび》に斯様《かやう》な生活が生む悲劇を想像することが出来るであらう。または中世に於ける羅馬《ローマ》教会の聖職者を見よ。彼等のうちには驚嘆に堪えぬほど厳粛な禁欲生活を送つた人々がある。然るに此の敬虔《けいけん》にして貞潔なる神父等が、異端者又は異教徒に対して執つた態度は、実に残忍酷薄を極めて居り、之を火あぶりの刑に処することさへ神意に叶ふものと信じて居た。此等の事実は、吾々が自然を克服するだけでは決して完全な人間となり得ないことを示して居る。それ故に吾々は克己によつて自然に対する道を行ふと共に、人間に対する正しい道をも行はねばならぬ。

人間に対する正しい道の自然的基礎は、すでに述べたやうに愛憐の情である。この感情が道徳にまで高められて、本当の愛となつたものを儒教では仁又は恕《じよ》と呼んで居る。愛憐の情の最も本原的な発現は、母が其子に対して抱く愛情であるとは《(ママ)》言ふまでもない。

男女は相恋して初めて人生に目覚め、女子は母となつて初めて深刻に人生を味《あじは》ふ。子に対する母の愛は、決して単純な一個の感情ではなく、実に喜怒哀楽乃至《ないし》一切の人情を籠《こ》めつくした千情万緒《せんじやうばんちよ》の一体系である。無心に遊び戯れて居る幼児を看守りながら、或《ある》時は母のこころが歓喜に満ち、或《ある》時は不憫を催して双眼吾知らず涙に曇る。その喜ぶは吾子の生命が健かに展《の》び往くのを喜ぶのであり、その悲しむはやがて遭遇せねばなるまじき世路の艱難《かんなん》を憂へるからである。それ故に母の愛は、其子の生命の全体を対象として居るので、その特殊なる一々の面に注がれるのではない。そして是《か》くあることが実に愛の本質である。

　人間の生命又は人格の特殊の一面、又はその一時的発現に対して注がれる好愛の情は、決して本当の愛ではない。多くの場合、斯様《かやう》な偏局《へんきよく》した愛は、むしろ本当の愛とは本質的に相容れない主我的な択好《よりごの》みである。例へば愚かな主人が追従《ついしよう》の上手な使用人を愛し、道楽者が商売女を愛するのは、唯だ自分の欲求を満足させる道具として之を好むだけである。それ故に斯様《かやう》な愛の対象となつて居るのは、相手の生命又は人格ではない。唯だ生命の種々相の一つにすぎない『巧言』又は『令色』を、全体の生命から抽象して、その抽象した一面を、人間としてではなく『物』として好愛するだけである。それ故に斯《か》様《やう》な好愛は、其自身が目的たるべきもので決して手段たるべからざる人格を、方便化又は物質化するものであるから、明《あきら》かに一個の不徳である。

かやうにして愛は平等の上に立つ。その本質に於て自分と同等なる価値を有するものとして他人の人格を認識することが、実に仁愛の第一条件である。『己れ立たんと欲して人を立て、己れ達せんと欲して人を達す。』といふ仁愛の積極的原則、並《ならび》に『己の欲せざる所を人に施す勿《なか》れ。』といふ仁愛の消極的原則は、共に己れと他人とが相等しいものであることを前提として居る。さもなければ前に述べた通り、昔は婆羅門《ばらもん》が首陀羅《シュードラ》に対し、近代では白人が黒人に対し、地主が農奴に対して然りし如く、決して仁愛の関係は成立しない。

かやうに考へて来ると、人間同志の間の正しい関係を実現する上に最も大なる障碍となるものは、取りも直さず主我主義である。主我主義とは、自分と他人とを峻厳に分離対立させ、その分離した自分だけが唯一の実在であるとする思想である。従つて自分の生活や自分の幸福は、それ自身が目的であり、他人の生活や幸福は自分の目的のための手段にすぎないものとする。そして『自分』とは、ヰリアム・ジェームスが適切に定義して居るやうに『自分のものと呼ぶことの出来る総てのものの総和』であるから、主我主義の主体も、或《あるい》は自分自身だけのこともあり、或《あるい》は自分の家族であることもあり、或《あるい》は自分の政党や階級であることもある。その範囲の広狭を問はず、一切が『自分』のために存立して居ると考へて行動することは、総ての場合に共通である。

併《しか》し乍《なが》ら前に述べたやうに、実際の事実としては絶対に非我から分離して居る独立自全の自我なるものはなく、また自我と非我との根本的対立もない。自我と非我との対立は、背後の統一を前提としての対立である。かやうに実在せぬものを実在と考へることは、言ふまでもなく妄見《まうけん》であり、妄見に基く行為は悪ならざるを得ない。現に日常の言葉遣《づか》ひでも『悪人』と言へば、他人を犠牲にして自分の利益を図る人、冷酷邪慳《ぢやけん》な人を意味する。そして『あの人は善人だ。』といふことは、他人のためを思ふ親切な人といふ意味である。之に対して人間が色や酒を好んで克己の徳を欠く場合は、不品行又は不道徳と言はれて居る。此事は克己と仁愛とが、異なれる関係に於ける道徳的原則なることを示すものである。現に吾々は温情春のやうな人が酒や女にだらしない実例を見て居るし、操行堅固ではあるが他人には甚《はなは》だ薄情な人の実例をも知つて居る。かやうに不道徳な善人があつたり、道徳堅固な悪人が居つたりするのは、両者がそれぞれ人性に於ける自然的基礎を異にし、従つてその発動の対象を異にするからである。但し一層深く人格的生活の本質に探り入れば、両者の間に不可離の関係あることが判る。例へば『不品行』なる『善人』に就て見よ。彼は不断に親切な心で他人に対する。彼は決して他人を苦しめる意図を有《も》つて居ない。それにも拘《かかは》らず此の『善人』の行為は、実は自己自身を害《そこな》ひ、また少くとも自分の家族を苦しめることになる。

ショーペンハワーは同情即ち随喜・随悲を以て一切の道徳の基礎となし、オーギュスト・コムトは道徳的行為の目的は他人を愛することでなければならぬとして、謂《い》はゆる愛他主義を唱へた。愛他主義 Altruisme とはコムトが初めて用ゐた言葉で、他人を意味するラテン語 Alter による術語であるが、それが同じくラテン語から来た主我主義 Egoisme に対する造語であることは言ふまでもない。コムトは人間の社会生活を以て、愛を主義とし、秩序を基礎とし、進歩を目的とすべきものとした。そして愛とは積極的に他人のために尽す献身の意味である。

愛他の道徳的意義は、何人も之を拒むことが出来ない。併《しか》し乍《なが》ら吾々の人格的発達が唯だ是だけで可能だとするコムトの思想は、禁欲主義の場合と同じく、三つの道徳的関係のうち、その一つだけを力説して、他の二つを等閑に附する点に於て、未だ吾々を満足させることが出来ない。三つのものは等しく重んずべきものであつて、其間に軽重高下を附すべくもない。吾々は大西郷と共に、克己によつて地に対する正しい道を、愛人によつて人間に対する正しい道を実現し、更に敬天によつて天に対する正しい道をも実現しなければならぬ。

さて敬の人性に於ける自然的基礎は、子が其の父母殊に母に対して抱く尊敬信頼の情に於て、最も本原的な発現を見ることは前述の通りである。そして吾々が特に注意しなければならないことは、親が其子に対して抱く感情と、子が其親に対して抱く感情との間に、極めて著しい相違があることである。即ち父母の情愛は、自分の延長であり従つて自分と同等なる者としての子に注がれる。此際父母の情愛が自然のままに発現するだけでは、常に甜犢《てんとく》（舐犢＝しとく。親牛が子牛を愛して舌でなめてやること。転じて、親が子をむやみにかわいがること）の愛に陥り易い。小供が我儘《わがまま》気儘《きまま》に育て上げられることは、人間として一生の損であるが、それは取りも直さず甜犢《(ママ)》の愛の犠牲となるからである。自然の情愛を本当の『親の慈悲』たらしめるためには、設《たと》ひ幼弱未熟であるとは言へ、本質に於ては自分と同等なる小供の人格を認め、その完き育成を常に心懸けなければならぬ。可愛いい児に旅をさせるのも之がためである。それ故に親の慈悲は、仁愛の根本条件である平等の上に立つて居る、然るに子が其親に対して抱く感情は屢々繰《しばしばくり》返したやうに、不平等を前提として居る。

併《しか》し親と謂《い》ひ子と謂《い》つても、本質に於ては共に平等なる人格である。従つて自分と同格なる者として其親を認識することも、子にとりて勿論《もちろん》可能であり、また必要なことである。さればこそ大義親を滅する場合も生ずるのである。併《しか》し乍《なが》ら子がその親に対して自然に感ずる敬畏信頼の情は、決して自分と平等なる者としての父母に対してではなく、自分よりも優れる者としての父母に対して抱くのである。そして人間が父母に於て自分よりも優越せる者を認め、之を敬ひ、之に頼る感情が、実に人生に於ける宗教の基礎である。

今日の宗教学者は、概ね宗教の起原を呪物崇拝・自然崇拝・精霊崇拝・トテム崇拝などに求めて居る。此等のものが現に未開人の宗教的崇拝の対象であり、同時に太古の吾々の先祖が逸早《いち》く択《えら》び出した神々であつたらうことには私も異存がない。併《しか》し人間が此等のものに於て最初に『神』を認めたとすることは、私の到底納得出来ぬところである。之は私だけでなく、近代ロシアの最大の哲学者であり、西欧の諸学者のうち最も有難い精神の糧を私に与えたソロギヨフもまた同様に考へて居る。いま其考を下に述べよう。

呪物崇拝とは、人間が瓦石《がせき》・木片・乃至《ないし》貝殻などを、自分以上の力を有するものとして拝むもので、今日でも弘く未開人の間に行はれて居る宗教である。併《しか》し呪物崇拝が行はれるためには、人間が『自己以上の存在者』又は『在上者』といふ観念を有《も》つて居なければならぬ。老松の影を長蛇と見誤つて之を斬らんとするのは、吾々に長蛇といふ観念があつてのことである。石や貝殻などは、其物自身に吾々以上の存在者と認むべき如何なる属性をも具へて居ない。従つて石や貝殻から在上者い(ママ)ふ観念が誘発される道理はない。従つて未開人は木石瓦礫《がれき》を拝む前に、既に在上者の観念を有《も》つて居たとせねばならない。之について或人《ある》は、在上者といふ観念は、人性に本具のものであるものであると言ふかも知れない。併《しか》し設《たと》ひ其れが本具のものであるとしても、或る観念が現実に意識されるためには、之を誘発して、之に具体的な形態を与へる何等かの感覚印象又は知覚を必要とする。本具の観念は、何等かの『因縁』に誘導されて初めて吾々の意識に上り、然る後に知的発達の階段を踏んで、次第に深く広く且《かつ》精確になつて往く。

之を在上者といふ観念に就て考へて見るに、人間が最初に木片や石ころなどによつて此の観念を誘発されたとは、何としても信ぜられない。むしろ、日月星辰、乃至《ないし》は高山大川などの与へる印象が、人間をして自分以上の存在者を認識させるよすがとなり得るであらう。併《しか》し人間の心は、日月星辰を仰ぎ、高山大川を望んで、その恩寵や威力を感ずる前に、在上者の観念を誘発すべき一層直接な、且《かつ》一層有力な印象をその親によつて与へられる。人間の意識のうちにある根本的観念の起原を知るためには、すでに成長した人間に就てでなく、幼ない小児に就て之を探し求めなければならぬ。然るに小児は、光と熱を給《たま》ふ太陽の恩恵を感じ、大地を肥やす河川の恩沢を感じ、又は疾風迅雷の威力を恐れる以前に、遥かに直接且《かつ》深刻に父母の恩恵を感じ、その威厳に畏れる。人間は相当の年齢に達するまでは、殆《ほとん》ど如何なる自然現象に対しても深い注意を払ふものでない。それ故に『神』即ち在上者の観念を最初に人間に与へるのは、呪物でも自然でもなく、乃至《ないし》は目に見えぬ精霊でもなく、実に父母そのものに外ならない。吾々の生れ出でくるや、母が吾々にとりて唯一の在上者である。吾々の存在は唯だ母だけに頼つて居る。稍《や》や長じて吾々は母並《ならび》に全家族が、父によつて庇護されて居ることを知り、更に父に於て在上者を認める。この父母に対する自然的感情が純化されて敬となるのである。故に敬の特質はその宗教的なることに存する。

さて父母に対する敬は、取りも直さず孝である。それ故に孝は明《あきら》かに宗教的性質を帯びて居る。もとより父母世に在る間は、接近余りに密切であるから、多くの人々にとりては必ずしも純乎《じゆんこ》たる宗教的対象となることが出来ない。孝の宗教的性質は、父母が世を逝《さ》つた時に初めて鮮明となる。小供は年漸《やうや》く長じてから、父母の口から死んだ祖先のことを聞く。そして丁度自分の生命が父母に負ふて居ると同様に、父母の生命は死んだ祖先のお蔭であることを知り、父母以上の尊敬を先祖に対して抱くやうになる。やがて父母が此世を逝《さ》れば、父母もまた先祖と位を同じくする神となるのである。人間に最も明白に神の観念を抱かせるものは、死の神秘に包み去られた父母である。それ故に宗教の最も原始的であり且根本的なるものは祖先崇拝である。

人々は父祖の霊を畏敬《ゐけい》し、其の力に依頼し、其の意志を奉じようと努める。而《しか》も死んだ父祖の意志は尋常の手段では知り難いから、茲《ここ》に神人交通の手段として種々なる宗教的儀礼が生ずる。そして敦《いづ》れの民族と言はず、最初の神人仲介者は、父祖と最も密接な血縁を有する家父又は家兄であつた。かやうにして喚《よ》び起された人間の宗教的感情が、幾多の迂余曲折を経ながら、而《しか》も全体としては向上登高の一路を辿つて、遂に宇宙に遍《へん》満《まん》する生命の本原たる絶対者を拝するやうになるのである。そして宇宙の本原そのものが『天父』として意識されるところに、一切の宗教的進化の根柢となつて居る祖先崇拝の精神が、純化された相に於て残つて居る。

さて一家の先祖が其家の神として崇められるやうに、多くの家族が相結んで部族を形成するやうになれば、諸家族の共同の先祖として信仰される部族神が、各家族の先祖よりも一層高位の神として崇拝される。そして其頃には先祖以外にも色々な崇拝の対象が現れ、人間生活の宗教的一面が次第に複雑になつて来たので、茲《ここ》に専《もつぱ》ら祭祀を事とする一個の階級が生れるやうになつた。次で多くの部族が一つの国家に統一されるやうになれば、部族全体の祖先が、国祖として国民崇拝の対象となる。多くの国家では、内外幾多の原因から、建国当初の精神が中断又は断絶したために、国民の国祖に対する宗教的関係も自ら消滅せざるを得なかつた。其等の国々では、国民の生命の本原たる国祖を認めず、直ちに宇宙全体の本原たる神を父と仰いで居る。唯だ日本の場合は、建国当初より今日に至るまで、国祖の直系連綿として国民に君臨し、民族の歴史的進化が一貫相続して中絶しなかつたので、国祖の精神を永遠に護持する天皇に対する国民の関係は、今日尚《な》ほ鮮明に宗教的である。それ故に天皇に対する『忠』は、その本質に於て父母に対する孝と同一である。忠孝一本と言はれるのは其のためである。それ故に日本人の場合は、子女としては親に孝なること、国民としては天皇に忠なること、そして一個の人間としては天を敬することが、三者一貫せる『敬』の具体的発現であり、従つて日本人の宗教である。

諸行無常、有為転変、まことに自然は不断の変化である。それは止むことなき分化の行程である。従つて自然的生活は多端な生活である。それは吾々の自然的生活は、不断に生起する刹那々々の欲求の連続だからである。それ故に若《も》し吾々が自然だけに従つて生活するならば、刹那々々の欲求を追ひかけて右往左往する外はない。唯た《（ママ）》個々特殊の欲求に囚はれず、生命全体を顧慮して行動することによつて、吾々の生活が自然を超《てう》出《しゆつ》して人間的となる。この全体の顧慮が、一身から一家に及んで孝となり、一家より一国に及んで忠となる。そして一国から天下へ、天下から宇宙へと、一切分化の裡《うち》に潜む統一を省み、動にして静、常変にして不変な生命に随順して行くことが、取りも直さず真実の宗教的生活であり、大西郷の教へる『敬天』である。

一一　既成宗教と『宗教』

さて私が本当の宗教とは何ぞと探しまわつたことは、結局若《も》し本当の宗教があるなら其の信者になりたいが、何《ど》れが本当の宗教かと思ひ惑つたことである。八代大将書翰《しよかん》集に収められた手紙の一つに、下のやうな一節がある――『……我《わが》海軍軍人の状《さま》を観察すれば、倫理道徳のことなど語るを嫌ふ風なきに非ず、かくては到底精鋭なる軍隊の成立覚束なしと観じ、さらば先づ己より始めよと覚悟発心候《さふらふ》次第にて、当時小生も無明に沈《ちん》淪《りん》し、夢中に彷徨《はうくわう》する思ひあり、何事も不快に感じ、何人《なんぴと》も面悪《つらにく》く、果ては此身早く死せんと願ふ時などあり、本校教官五十余名、官舎軒を連ねて住するも、此頃は小生とんと往来せず、ただ当日の用果てて後《のち》柔道を学び、其後は一室に閉ぢ籠り、読書に耽《ふけ》り候のみ。一体人道を学ばんとする念は両三年前より萌《きざ》せしが、極めて薄弱なるものにてありし。去る二十年頃は耶蘇《ヤソ》教に入らんとし、築地会堂などに屢々《しばしば》出入し、バイブルも繙《ひもと》きしが、何分馬鹿らしくて納得出来ず、或る信者に如何にして斯《か》く馬鹿らしき事を信ずるに至りしやを問ひしに、此教に入る者は尚《な》ほ魚を食するが如し。魚は骨と肉あり。骨は人の好むところに非ず、然るに骨あるも人は魚を食す。故に此教も骨に逢はば先づ捨つるとして、肉なる処のみを味《あじは》ふべし、後には骨、実は骨に非ず、肉に勝る味も生じ来るべしと。其後試みたれども何分納得せず、遂に止み申し候。其後某上人《しようにん》より肥前侯に寄せしといふ遠《を》らて釜《がま》と申す書を一寸《ちよつと》読み、少し面白味を感じたれども、されども仏門に入るとか仏を奉ずるとかの念は起り申さず……然る処此頃孔子の書を読まんものとの念起り申し候。其故は曽《かつ》てスペンサーの智徳教育と題する書を読み、大《おほい》に興味を感じ居りしに、其後シンセチック・フィロソフィー中、心理学の書を購《あがな》ひしに、其中の表題にプリンシプル・オフ・モラリチーと題する書名を掲げたり。是れ見るべしと思ひ買上げ読み始めたりしに、其説く処小差はあらんなれど大《おほい》に孔子の教に合するところありはせぬかと思ひ起し候……小生未だスペンサーのデタ・オフ・エシックスも読み了《をは》らず、孔子の書は少年の時素読せるのみなれば、何れも深く解する処なし、ただ想像を述ぶるのみ。希くは教へ賜《たま》へ。此書読み了《をは》らば孔夫子の書を読み始むる覚悟に御座候。』

これは早稲田大学演劇博物館所蔵の八代大将から坪内逍遥博士に宛てた二十一通の書《しよ》翰《かん》のうちの一つで、其前の手紙の末尾は『六郎、春の舎先生虎皮下』と結んで居るが、これは『六郎・雄蔵殿』となつて居る。そして坪内博士は『先生と書きしを苦情言ひしため足下となし殿と変へたるなり』と鉛筆で附書して居る。尤も大将は其後また坪内博士を先生扱ひして叱られたと見えて、此時から十余年後の手紙の中に『宛名が叮嚀《ていねい》にて坐り直して云々は恐縮に候。手紙は可成《かなり》叮嚀《ていねい》に書けと兄に教へられたるが習慣となりたる故にて、格別かしこまりて書き候訳には無之《これなく》候。今後御互の間柄の事故《ことゆゑ》、御来示通り即ち只今より実行可仕《つかまつるべく》候。』として、宛名を逍遥兄として居る。

ところでの此書翰《しよかん》は、始めの余白の下に坪内博士が明治二十三四年頃と手記して居るから、大将が海軍大尉の兵学校教官時代、齢はまだ三十以前のことで、丁度私が大学を卒業して図書館通ひをやつて居た時代の年頃である。私と同じ年頃に、大将もまたクリスチャンになれず、仏教信者にもなれず、スペンサーを読み耽《ふけ》つて『人道』を求めて居た姿を想ひ浮べると、今更のやうに大将が懐かしくなる。

仏教と基督教《キリスト》とは世界を東西に両分して、共に最勝無上の法門と標榜して居るのであるから、八代大将や私だけでなく、宗教的に目覚めた多くの人々が、その孰《いづ》れかの信者になつて霊性の渇きを愈《い》やそうとしたことがあるであらう。そして孰《いづ》れかの信者になつて其の宗教的要求を満足させられた人々も多いことであらう。併《しか》し八代大将と同じく私にも仏教や基督教《キリスト》には何分『馬鹿らしき事』が多く思はれた。そして其の『馬鹿らしき事』が信仰の礎だと教へられては尚更納得出来なかつた。八代大将の場合は、其後海軍少将時代に小笠原長生中将から贈られた『一大事因縁』といふ小冊子が機縁となつて、熱心に法華経並《ならび》に日蓮上人の研究を始め、茲《ここ》に真実の信仰を堅確に摑《つか》まれたものと想はれる。併《しか》し大将は之によつて決して謂《い》はゆる仏教信者となつたのでなく、一個の『宗教人』となつたのである。海相時代には『法華坊さん』と呼ばれたけれど、大将が世間並《せけんなみ》の日蓮信者でなかつたことは、法華経によつて宗教の真諦を証悟した後、中将に昇進して海軍大学校長を勤めて居た頃に、ルードルフ・オイケンの新理想主義の哲学を欣《よろこ》び、その『宗教の真諦 Der Wahrheitsgehalt der Religion』に共鳴し、自ら彼の著書を飜訳しかけて居たことでも知られるし、また筧克彦《かけひかつひこ》博士の信仰に随喜し、其頃一友人に与えた手紙の中で、博士の『古神道を熟読六回、日本皇国の本質を精読十数回』、そして『豁然《くわつぜん》として意義貫通を覚え申し候。』と言つて居るのを見ても判る。即ち大将は法華経によつて宗教の真諦を摑《つか》み、一切の既成宗教から善きものを学んで、自分の人格の宗教的一面を長養しようとしたのである。

私には八代大将に対する小笠原中将のやうな導師はなかつたが、書物を読んで勉強し、心から尊敬する先輩に親炙《しんしや》して直接その宗教的一面に触れ、且《か》つ自分自身の経験を深く反省して行くうちに、いつとはなく既成宗教の信者になりたいといふ意図がなくなつた。初め私は宗教を極めて高遠なものと思ひ込み、まづ書物の中に宗教を求め、真実の宗教とは『世界とは何ぞ、人生とは何ぞ、何《ど》うして世界と人生とに処すべきか。』といふ問題について、十分納得の往く解決を与へてくれるものと思つて居た。そして散々苦しんだ揚句、私は自分がこれまで宗教を哲学や道徳と混同して来たことに気がついた。そして宗教は哲学や道徳と背後に於て統一されては居るが、表面は其等の二つと分野を異にすることが判つて来た。哲学は思慮分別によつて達せられるもの、道徳は精進努力によつて実現されるものであるが、宗教は無分別、無努力の世界、即ち是非もなく善悪もない境涯に遊ぶことであるから、宗教的信仰は哲学的思索や道徳的修養とは別個のものであることが判つた。そして今更成立宗教の厄介にならずとも、私自身が夙《と》うから宗教的に生きて来たことを知つた。即ち私が吾母を思慕し信頼して常に之を念じて居ることが、取りも直さず私の宗教で、之によつて宗教が与へる最も善いものを与へられて居り乍《なが》ら、宗教とは一層高遠玄妙《げんめう》なものと考へて、長く彷徨《はうくわう》を続けて来たのである。面々相対して千里を隔て、南面して北極星を見ようとする馬鹿者とは、まさしく私のことである。

小供には父を好く子と母を好く子がある。私は幼い時から父よりも母が好きであつたが、其父は私が二十八歳の時に長逝した。齢は五十三であつたが、見かけは年より遥かに若く、体格も立派、非常に乗馬が好きで、私が物ごころついてから殆《ほとん》ど病気に罹つたことを記臆せぬほど健康であつたが、往診に往つた患者の発疹チフスに感染した。本来ならば避病院に入らねばならぬのであるが、役場の諒解《りやうかい》を得て自宅を臨時の避病院といふことにし、家族全部が知合《しりあひ》の家に引《ひき》移り、母だけが残つて看病することになつた。五《ご》六《ろく》日経つて病状が面白くないので、母は当時東京に居た私を電報で招いたが、私が帰着した数時間前に父は最後の息を引《ひき》取つたので、遂に臨終に間に合ひ兼ねた。伝染病患者の屍体は即日焼棄しなければならぬ規則なので、私は母と二人で父の屍体を棺に納め、役場から寄越した火葬夫に之を負《おは》せて、小高い松林の丘上にある火葬場に行き、自分の手で之を荼毘《だび》に附した。五月三日の晴れ渡つた午後で、東北の空には鳥海山が美しく聳《そび》えて居た。地上に棺を置いて薪で焼くのであるから、骨だけになるまで数時間かかつた。

時々起つて薪を足し加へ乍《なが》ら、砂の上に端坐して灰になり行く吾父を見つめて居た私の胸には、千情万緒雲の如く往来した。

其後の三週間は私の家に他人の出入が禁止されて居たので、私は母と全く二人だけで其間をすごした。私は思ひがけぬ父の死を深く悲しんだが、父の急逝によつて俄《にはか》に未亡人となつた母の身の上が非常にいとほしくなつた。母と私とは不思議に気の合つた間柄で、お互の肚《はら》の中は物言はなくとも判るから、是迄は細々と話し合つたこともなく、すべて拈華微笑《ねんげみせう》で事足りて来た。併《しか》し妻たる母、子たる私が、寂然たる家に亡父の骨を護つて、一生に唯だ一度味《あじは》ふ深い悲《かなし》みに浸りながら、唯だ二人だけで二十日間をすごしたのであるから、平生は口数少ない母にしても、黙然無言で通されるわけはない。私は此間に生れて初めていろいろな話をしみじみと母から語り聞かせられた。そして初めは懐かしく、先にはいとほしかつた母が、今は有難い母になつた。母の坐臥進退を見、その静かに語るところを聞く間に、如何に吾母が私よりも優れる心を有《も》つて居るかを切実に知つた。私の感情は池の漣《さざなみ》のやうに小さく浪立つのに、母の感情は大洋の波浪のやうに大きくうねる。思慮分別による私の判断よりも、胸襟に古鏡を懸けて直ちに物を映《うつ》すやうな母の判断の方が遥に適切である。幼少の頃の私は手に負へぬ椀白（ママ）もので、祖母が見兼ねて泣きながら母を制止したといふほどひどい折檻《せっかん》を母から受けたそうであるが、中学校に入学してからは殆《ほとん》ど一度も叱られた覚えがない。而《しか》も母は私の欠点短所を残る隈なく承知して居ながら、『いまに自分で気が付くだらう。』と看守つて居たのであつた。

　私はまた宗教や信仰の問題について、母から片言隻語も聴いたことがなかつた。神信心せよとも、仏信心せよとも、母は私に教へなかつた。然るに私は此の服喪の間に初めて母が磐石《ばんじやく》の信仰に生きて居ることを知つた。母は天満天神と阿弥陀如来と八幡大菩薩を堅く信じて居たのである。母は『自分のために何《ど》うかうして下さいと神々にお願《ねがひ》したことはない。』と言つた。母は唯だ智慧の及ばぬことは天神様に、慈悲の足らぬところは如来様に、覚悟を決める時は八幡様にお縋《すが》り申して居た。母の生家は日蓮宗、私の家は曹洞宗であるが、左様な宗旨には何の拘泥《こうでい》もなく、諸神諸仏のうちから智仁勇の権化《ごんげ》として此等の神仏を択《えら》び、之を三位一体の神と崇めて大安心を得て居たのである。其頃の私は専《もっぱ》ら西欧学者の書いた本の中に宗教を求めて右往左往して居た時代であるから、母の信心堅固には感服したけれど、成程これはお母さんらしくて面白い、煙村三月の裏、別に是れ一家の春だ、お母さんがそんなあつさりした信心で安心を得て居ることには文句はないが、自分はもつと幽玄高遠な信仰を求めねばならぬと考へた。今にして思へば恥《はづ》かしい次等（第次）であるが、其時は本当にそう思つた。ところが其後数年ならずして、自分は母よりも一層あつさりした信仰に安んずるやうになつたのである。

さて滞在一個月の後、家の交通遮断も解かれたので、私は亡父の葬式を済まし、母を郷里に残して東京に帰つた。此時以来私は頓《とみ》に吾母が恋しくなつた。新たに未亡人となつた母が、遠く長男の私とも離れ住んで、嘸《さ》ぞ寂しいことだらうと明け暮れいとほしく思ひ続けた。亡父の喪中に母と二人で同居してから、私は以前になかつた敬愛の情と信頼の念を母に対して抱くやうになつた。東京に帰つてから私は、山川《さんせん》百里の彼方に居る母と、膝つき合せて居るやうな気持で話し合つた。側《そば》に誰も居ない時は、心の中でだけでなく、屢々《しばしば》声まで出して話しかけた。楽しいことがあつても母に告げ、腹が立つことがあつても母に告げた。すると楽しみは一層楽しくなり、立つた腹も安らかになつた。かやうに始終母を念じて行く間に、私の心が母に通ひ、母の心が私に通ひ来るやうに思はれ始めた。そして一年二年と経つうちに、初めは私が母を慰めるつもりで居たのに、いつの間にやら主客顚倒《てんたう》して、私の方が母から慰められるやうになつた。それは私が、母は完き慈愛を以て不断に私を抱擁して居ることを、次第に身に沁みて感じて来たからである。私は自分の不平や、悲しみや憤りが、母を念ずることによつて直ちに慰められることによつて、この慈愛を確実に体験した。数年以前に天満天神・阿弥陀如来・八幡大菩薩を本尊とする母の信仰を簡単平明なものと考へた私が、一層短刀直入に母を本尊とすることによつて安心を与へられることになつたのである。そして私は是が私の永年に亘つて求めて来た宗教であることを悟つた。そして『宗教とは何ぞ』といふ問題の解決も、初めて茲《ここ》に其緒《しよ》を得た。何故ならば自ら宗教的経験を体得した人だけが、本当に宗教を理解する資格を有《も》つからである。

私の生涯の重大な出来事が総《すべ》て左様であつたやうに、私が吾母を宗教的対象とするに至つた経緯《いきさつ》も、考へて見れば不思議といふ外はない。自宅を臨時の避病院にするなどといふことは、言ふまでもなく反則又は変則の沙汰で、医者であつた私の父の我儘《わがまま》を役場が通させてくれたからこそ出来たのである。仮りの避病院になつたために私の家は交通遮断となり、そのために三週間も親子二人で過ごすことになり、其間に本当の宗教への道が私のために拓かれたのである。若《も》し父が伝染病に罹らず、又若《も》し罹つても普通の公立避病院で死んだとすれば、母と私の魂が宗教的に結び付く機会を与へられず、そのために私は信仰を他処に求めて長く彷徨《はうくわう》を続けたかも知れず、また設《たと》ひ別個の天地に安楽浄土を求め得たとしても、容易ならぬ迂余《うよ》（余紆）曲《けよく》《きよく》折《せつ》の道程を辿つたことであらう。私のために斯様《かやう》な機会を与へ、最も大なる不幸を最も大なる幸福への道たらしめたのは、一天の摂理か、亡父の冥加か、それとも単なる偶然か。私は唯だ摩訶《まか》不思議の因縁を有難いと感謝するだけである。

自己の本原を如何なる形相に於て把握するかによつて、数々の宗教や宗派が生れる。形相は様々であつても、結局宗教とは自己の生命の本原に還ることである。自己の生命は、父母から祖先、祖先から国祖、国祖から全人類の祖、全人類の祖から宇宙万有の親にさかのぼつて、遂に最後の生命の本原に帰一する。本原は一でなければならぬ。一でなければ本原でない。それ故に宇宙は一生命であり、その唯一無二の生命が万物に周流して居るとせねばならぬ。そして生命の特徴は、組織の一切の部分々々に、間断なく全体として生きて居ることである。生命は決して特定の時、特定の処に、部分的に動いては居ない。私の生命は、私の身体の一々の細胞に満遍なく流れて、全生命が隅々まで全体として動いて居る。それなればこそ唯だ脈搏を知るだけで全身の健康が判り、顔色を見るだけで全心の動揺を察することが出来る。私の生命は、私の頭にも脚にも、その全体を露呈して居り、私の胸の中の生命は、爪先の生命と寸分変らぬ生命である。

生命が唯一無二であり、それが全体として全宇宙に間断なく動いて居るとすれば、『天にいます吾等の父』として表象されるエホバも、衆生の親とされる仏も、わが生みの親たる父母も、吾々の生命の本原たることに於て何の相違もある筈《はず》がない。生命は一つしかない。その生命を吾々に与へるものは生みの親しかない。吾々は生みの親を通してのみ此の生命に連るのである。従つて吾々は生みの親から生れることによつて、同時に神から生れ、また仏から生れたことになる。貝原益軒は下のやうに言ふ——『およそ人となれる者は、父母これを生めりといへども、其の本をたづぬれば天地の生理を受けて生《うまれ》る。故に天下の人は皆天地の生み給ふ子なれば、天地を以て大父母とす。尚書《しやうしよ》にも天地は万物の父母と言へり。父母はまことにわが父母なり。天地は天下万民の大父母なり。

其上生れて後、父母の養を得て成長し、君恩を受けて身を養ふも、其本をたづぬれば、皆天地の物を用ひて食とし、衣とし、家とし、器として身を養ふ。故におよそ人となれる者は、初めて天地の生理をうけて生るるのみならず、生れて後、身を終るまで、天地の養を受けて身を保てり。然れば人は万物にすぐれて、天地の窮りなき大恩を受けたり。ここを以て人の務めて為《な》すべきことわざは、わが父母につかへて力を尽すは言ふに及ばず、一生の間常に天地に事《つか》へ奉りて、其大恩を報じ奉らんことを思ふべし。……すべて人は父母の家に居ては、父母に専《もっぱら》に孝を尽し、君に仕へては君に専《もっぱら》に忠を尽す如く、天地の中に在りては、天地に事《つか》へ奉りて仁を尽すべし。……万物をあはれむを仁と言ふ。仁とはあはれみの心なり。是れ天地の御心に従ひて天地に事《つか》へ奉る道なり。人倫のうち親を親しみ、次に万民を憐み、次に鳥獣およそ生けるものをそこなはず、是れ天地の御心に従ひて仁を行ふ序なり。』

かやうに敬虔なる東洋人は、親と子との関係が、その本質に於て神と人との関係と同一なるものとした。それ故に孝経には『孝は父を厳にするより大なるはなく、父を厳にするは天に配するより大なるはなし』と教へて居る。天に配するとは、其父に於て天を認め、天に事《つか》へるやうに之に事《つか》へることである。孝経の中で孝を『百行の本』と言ひ、或《あるい》は『天地の経にして民之に則る』と言ふ場合の『孝』は、五倫の一つである親子関係を律する倫理的原則を意味するのではなく、明《あきら》かに『宗教』の別名である。それ故に中江藤樹は、孝を以て『無始無終の神道』とし、孝の本質は『神妙不測、広大深遠』であり、『天にありては天の道となり、地にありては地の道となり、人にありては人の道となる』として居る。それは『元来名は無きもの』であるが、『親を愛敬するが感通の根本』であるから、『昔の聖人、その光景を象《かたど》りて孝と名づけ給ふ。』たのである。茲《ここ》に『その光景に象《かたど》りて』と言ふのは、最も本原的な且《か》つ具体的な発現になぞらへてといふ意味で、子の親に対する愛敬が、宗教の根原となつて居ることを指せるものである。かやうに東洋に於ける宗教は、実は『孝』の拡充に外ならない。西欧学者又は西欧思想の影響を受けた日本の学者が、孝を片務的《へんむてき》などと言ふのは、孝の宗教的本質を理解せぬからのことである。

日本に於ける天皇と国民との関係は、その本質に於て親と子との関係と同一である。日本の天皇は、家族の父、部族の族長が、共存体の自然の発達に伴ひて国家の君主となられたものである。そして国初以来、国祖の御子孫が連綿として今日まで国祖の生命を護持して来られたのである。繰《くり》返し言つたやうに、家族に於ける父は、家族的生活に於ける宗教的対象であり、父に対する正しい宗教的関係が孝といふ名前で呼ばれるのであるが、日本では天皇を国祖の現身と仰ぐところまで自然に発達し来《きた》りて、天皇は国民の宗教的対象となり、その正しき関係の実現を忠と呼ぶのである。日本では国民が天皇を通じて自己の生命の本原と連つて来た。総ての生命を統一する生命が、家に於ては父によつて、国に於ては天皇に表現されて吾々に対して居るのである。それ故に名称は異なるけれど、忠孝は決して別個のものでなく、忠は即ち国祖に対する孝である。

シュライエルマッヘルは、有限なる個人が生命の本原たる無限者に融会《ゆうくわい》する心境をフレムミヒカイト Frömmigkeit と呼び、宗教の真髄を之に求めた。フレムミヒカイトは『敬《けい》虔《けん》』と飜訳されて居るが、私は之を『まこと』又は『誠』と飜訳する方が、一層適切にシュライエルマッヘルの精神を伝へると思ふ。彼の謂《い》はゆるフレミム（ママ）ヒカイトは、『至誠は神の如し。』又は『至誠天に通ず。』などといふ場合の至誠と全く同意義で、人間が至つて尊《たふと》とし（ママ）するものを奉じて他意なく余念なき心境を指すのである。然るに無限者は必ず有限的存在としてのみ顕現《けんげん》するのであるから、吾々が無限者に融会するといふことは、個々特殊なる万事万物のうちに、一々無限を体認することでなければならぬ。禅家の言葉によれば『山河並《ならび》に天地は、法王身を全露』するのであるから、フレムミヒカイト即ち誠を以て一事を行ひ、一物に接すれば、其処に『宗教』が現前する。即ち至誠神に通ずるのである。かやうな境地に入つた人は、その心境を『水を掬《すく》へば月手に在り、花を弄《もてあそ》べば香衣に満つ。』と詠じて居る。

それ故に宗教的生活の深浅を定める物尺は、フレムミヒカイト即ち誠の純不純である。一神教・多神教・無神教などといふことは、人間が無限者と連るために選んだ宗教的対象の相違から生れたので、之によつて宗教そのものの優劣を定めることは出来ない。多神教を一神教よりも劣れるものとするのは、基督《キリスト》教を唯一の真実なる宗教とする先入主に基く偏見である。無限者との融会が宗教の真髄であり、そして無限者は宇宙に遍満《へんまん》して居り、且《かつ》一切有限者を離れて無限は決して現前しないのであるから、万事万物悉《ことごと》く吾々を無限者に導く宗教的対象即ち『神』であることが出来る。仏教では八万四千の法門ありと説くが、八万四千とは無数無量といふに等しい。日本の忠孝は、シュライエルマッヘルの言葉を藉《か》りて言へば、吾々と無限者との無数の関係の一つである孝を取り、之を中心として一切の宗教的感情を統一せるものである。人間は、人間と無限者との関係のいづれを取りても之を宗教の中心とすることが出来る。それは誠即ちフレムミヒカイトの発露が宗教であるからである。

誠を以て一事を奉ずるところに唯一無上が宿る。一心に芸術を奉ずる人には、芸術が唯一無上である。一心に学問を奉ずる人には、学問が唯一無上である。一心に父母を奉ずる者には、父母が唯一無上である。一心に夫を奉ずる妻には、夫が唯一無上である。唯一無上なるが故に、全力を挙げて奉事せざるを得ない。全力を挙げるが故に右往左往の遑《いとま》がない。一事に専《もつぱ》らなるが故に二心を抱かない。二心を抱かざる故に動揺不安がない。その奉事するところ、即ち自己の天地であり、また他あるを知らない。それ故に精神おのづから安住を得て、心が初めて落ちつく。基督《キリスト》教の洗礼を受けても受けなくとも、仏教の三聚浄戒《さんしゆじやうかい》を受けても受けなくとも、至誠の人は皆な真実の宗教人である。

一二　不可思議なる安楽の門

形而上学と道徳は、宗教と同じく、宇宙並に宇宙と人間との関係を対象として居る。対象を同じくして居るために、既成宗教の中には多量の形而上学と道徳とが混入して居る。此事は基督教《キリスト》の聖書や仏教の経典を読めば直ちに看取される。自然に存する銀や銅が、決して純銀や純銅でなく、必ず他の鉱物と化合して居るやうに、実際世間に行はれて居る宗教は、決して『宗教そのもの』の純一無垢な姿ではない。純宗教が現実の宗教として現れる場合は、常に神話や哲学や道徳などの宗教以外の人文要素と相結んである。純銀や純銅は採鉱冶金《やきん》によつて初めて得られるので、自然に存する銀鉱や銅鉱は、銀や銅とは似もやらぬ石塊である。同様に宗教の場合も、表面に現れて居る非宗教的人文要素が著しく目について、純宗教性が却《かへ》つて閑却されることが少くない。例へば同じ仏教信者であり乍《なが》ら、仏教哲学の深遠幽玄を力説し、仏教を以て宗教中の宗教、哲学中の哲学だとする学者が居る。然るに一方には仏教の極意は『諸悪莫作・衆善奉行・自浄其意・是諸仏教』の一句に尽きるとして、全く道徳と同一視する和尚もある。

それ故に世の中には、最高の宗教とは宇宙と人生について正しい解釈を与え、且《か》つ人間生活の正しい規範を与へるもの、謂《い》はば理論哲学と実践哲学とを綜合したものと考へる人が少くない。現に私の如きも其の一人で、実は左様な宗教を書物の中に探し求めて幾年かを過ごして後、先づシュライエルマッヘルによつて蒙を啓《ひら》かれ、次《つい》で私自身の経験によつて、宗教は思惟《しゐ》や実践から独立した独自の分野を有することが判つた。基督《キリスト》教や仏教の理論家が神仏について知識的研究を進める時、其人は最早宗教者でなしに形而上学者になつて居り、また神仏の命令として徳行を積むことに専念する実践家も、同様に宗教者でなしに道徳家となつて居るのである。私は哲学や道徳を軽んずる意図は毛頭ない。哲学者も道徳家も共に尊敬すべき人々であるが、宗教を哲学や道徳と混同することは、啻《ただ》に宗教の本質を把握する途でないだけでなく、哲学や道徳の真面目を発揮する所以《ゆゑん》でもない。

　日本歴史では神武天皇以前を神代と呼んで居る。神代といふのは、日本人の生活の一切の部門が悉《ことごと》く神々によつて支配され、神々を離れては生活し得なかつた時代のことである。併《しか》し乍《なが》ら之は単に日本の上代だけのことでない。あらゆる民族が一度は神代即ち宗教時代を経過して来た。この宗教時代には、今日吾々が道徳・法律・政治・経済・学問・芸術などと呼ぶ人間生活の特殊の部門が、尚未だ混沌未分の状態にあり、生活全体が神々の支配の下に行はれて居た。然るに時代を経るに従つて、人間生活に於て神々が支配する領域が次第に狭くなつて来た。それは最初神々の支配の下にあつた人間生活の諸部門が、つぎつぎに神々から離れて独立して往つたからである。学問や芸術は言ふに及ばず、道徳や法律のやうに神を離れては到底成立つまじく思はれたものまでが、啻《ただ》に神々を離れて独立し得たのみならず、神々から離れたことによつて、それぞれの文化部門が一層立派に其の本来の面目を発露するやうになつた。そして宗教そのものさへ神々を離れて成立《なり》つことが、釈尊の仏教によつて立証されたのである。従つて仏教は神を説かないから宗教でないの、或《あるい》は例外の宗教であるのといふ西欧学者の所論は、千古の宗教的天才ともいふべきジョルダノ・ブルーノを瀆神者として残酷極まる火刑に処したり、神に酔へる哲学者スピノーザに無神論者の烙印を捺したりした旧基督《キリスト》教精神の名残とも言ふべきであらう。かやうな西欧学界の雰囲気の中で、シュライエルマッヘルが『神なくして宗教なし。』とする通説を真向から否定して、設《たと》ひ神の観念を有《も》たなくとも、宇宙を『一』にして『全』なるものと直観して居る人は、最も善く教育された多神教信者よりも遥に多く宗教的であり、スピノーザは敬虔なるカトリック信者よりも一層秀でた宗教者であるとしたことは、まさに『群鳥喧《やかま》しき時、鶴一声』の感に堪えない。

命あつての物種といふやうに、人間にとりて生命ほど貴いものはない。飢えて死にかける時には一椀の飯が無上に有難く、渇《かわ》きに堪えぬ時には一掬《いつきく》の水が万金よりも忝《かたじけ》ない。それは之によつて尽きなんとする生命を生き延ばすことが出来るからである。平生は振向きもせぬ一椀の飯、一掬《いつきく》の水が有難く忝《かたじけ》なく感ずるのは、生命そのものが此上もなく貴いものだからである。吾々は病人が危篤に陥れば、辿も（迚も＝とても）助からぬとは知りながら、注射や吸入で一刻でも生命を引《ひき》留めようとする。一寸の光陰軽んず可《べ》からずといふ教訓を無視して、無駄に月日を浪費して来た人々の生命でさへも、今はの際になれば一刻でも長く生きさせたくなるのが人情である。また老い果てて日向ぼつこの外に仕事がなくなつた者をも、何やかやといたはつて一日も長く生き延びさせようとする。自分自身の場合は尚更のことで、半厘一銭を惜《おし》んで富を積んだ金持でも、重病に罹れば全財産を投《なげ》出しても生きたくなる。斗酒《としゆ》を辞せぬ酒豪でも、病気が愈《なほ》つたら節酒でも禁酒でも屹度《きつと》やるぞといふ気になる。すべて此等は人間の生命の貴いことを示すものである。平生は気が付かなくとも、生命の終らうとする時、又は危険に瀕した時、人間は切実に生命の有難さを味《あじは》ふ。

さて宗教とは人間が有難い生命の本原に復《かへ》ることである。復《かへ》るといふは一体となることである。父母なくして吾々は生れる道理がない。吾々の生命の最も直接で具体的な本原は、言ふまでもなく吾々の生みの親であり、子は其親によつて無限の生命と連るのである。それ故に天真無垢の幼児は、生れ乍《なが》ら親を慕ひ、親を敬ひ、親に頼る。そして其心が既に宗教又は宗教の萌芽である。母の懐に抱かれる子は、安楽と思はぬほど安楽であり、貴賤貧富を問はず、人の子には其親の懐《ふところ》が天国である。そしてかかる感情を其子の心に誘発するものは親の慈愛である。わけても母親は其子あるを知つて其身のあるを忘れる。『児を憐みて醜を覚らず、児は母の醜を嫌はず。』賢《かし》こければ賢《かし》こいまま、愚かなれば愚かなるまま、美醜善悪、唯だ在るがままに其子を容れて取捨選択せぬのが親心である。この親心に感謝し信頼し随順するのが、人の子の自然の感応であり、宗教の全面目は、かかる親子関係のうちに完全に現れて居る。それは宇宙万有を貫く生命が、些《いささ》かの増減もなく親子の間に流れて居るからである。

私は親心に感謝し信頼し随順する心を『人の子の自然の感応』と言つた。それは人間以外の動物には、かやうな感応道交がないからである。禽獣《きんじう》にも親としての強い本能的愛情はある。牝鶏《めんどり》の雛《ひな》を育てる心づくしは、屢々《しばしば》母性愛の美しい実例に挙げられる。併《しか》し禽獣《きんじう》は、親となつて子を愛し、子がまた親になつて其子を愛し、唯だ次から次へと親になつて往くだけで、子として親に対する敬愛感謝の心がない。幼い禽獣《きんじう》が成長を遂げてしまへば、子は親を忘れ、親は子を忘れて、唯だ自分一個の生命だけに執着する。それは禽獣《きんじう》には生命の本《もと》たる親に復《かへ》る心が起らないからである。生命の本《もと》に復《かへ》らないから、禽獣《きんじう》の生命は自分自身だけに局限され、やがて親は子を棄て、或《あるい》は親子相争《あひ》ふやうにもなる。人間も幼年のころに親を念《おも》ふこと篤《あつ》いのは、その天真無垢なる心が、甚《はなは》だ濃《こまや》かに生命の本原に感応するからである。年長けて親を念《おも》ふこと薄くなるのは、刹那々々に起る個々の欲求を追ふに忙しく、全生命の顧慮を怠るからである。されば基督《キリスト》は『汝等翻《ひるがへ》りて幼児の如くならずば天国に入るを得ず。』と言ひ、東洋でも昔から大人は赤子の心を失はずと言つて居る。

無限の生命に連ることが宗教であり、赤子の心が取りも直さず宗教心であるとすれば、吾々の無限者に対する関係は、フィヒテの謂《い》はゆる『小児のやうな従順』であり、またシュライエルマッヘルの『小児のやうな受身の態度』でなければならぬ。宗教は安楽の門であるが、之に入るには学問も徳行も必要でない。必要なのは赤子の心である。そして往々にして学問や徳行は却《かへ》つて入門の邪魔になる。設《たと》ひ邪魔にならぬとしても、深くして広い学問を修め、高く厳《きび》しい徳行を積んだ上でなければ、宗教を味《あじは》ひ得ないものとすれば、それは選ばれたる少数者の専有物となり、凡夫庸人の与《あづ》かり得ぬ高遠なものとなる。幸《さいはひ》に宗教は、基督《キリスト》が天なる父に感謝したやうに、『智者と達者とに隠して赤子に顕はし給ふ。』ものである、赤子でなかつた人間は一人もない。そして誰でも赤子の心に帰れば天国に入るのである。

これは仏教でも同様である。嘆異鈔《たんゐせう》には『経釈を読み学すといへども、聖教の本意を心得ざる条、もとも不便のことなり。』として、宗教を文字に求めることを憐れみ、法然上人は『念仏を信ぜん人は、設《たと》ひ一代の法をよくよく学すとも、一文不知の愚鈍の身になして、尼入道の無智のともがらに同じうして、智者の振舞をせずして、唯一向に念仏すべし。』として、真実の宗教を味《あじは》ふためには、学問知識を捨てよと教へて居る。不立《ふりふ》文字《もんじ》を標榜する禅宗が、啻《ただ》に学問を以て宗教と没交渉とするだけでなく、一切の知的作用即ち『思慮分別』を斥けて居ることは、更《あらた》めて言ふにも及ぶまい。無限者の直観は学問によつて養はれた偏見のない人の心に最も善く映り、幼児の如く単純な心が最も善く無限者と感応する。

宗教は『小児のやうな受身の態度』又は『小児のやうな従順』である。受身とは自力に頼らぬこと、従順とは相手を絶対に信頼して、無条件に自分の全人格を打ち任せることである。全人格を打ち任せるのであるから、自分に残るところの何ものもない。その無私無我になり尽した時に直観されるのは唯一無二なる無限の生命であり、其処に現前し来るものは、現実の親や君をも超越し、特定の相《すがた》で表象される神や仏をも超越する絶対者でなければならぬ。吾々を此の境涯に導くものは、決して道徳的努力や哲学的思索でなく、唯だ小児のやうな単純天真なる心である。此の単純なる心を導いて絶対者に到着させるもの、即ち宗教的信仰の対象となるものが、或《あるい》は親であり、或《あるい》は君であり、或《あるい》は神であり、或《あるい》は仏であらうとも、之に打ち任せる我身は唯だ一つしかないのであるから、無私無我になり尽した時に現前する者は、孰《いづ》れの場合を問はず唯一無二の絶対者であり、其時に感ずる慈悲と光明とは平等一味であるべき筈《はず》である。

例へばポーロを見よ。彼は全生命をキリストに投げ尽して『キリスト我に於て生く』『われキリストに於てあり』『わが生はキリストの生』と言つた。そして彼の宗教は、決して道徳即ち『律法』を守ることによつてでなく、唯だキリストに帰命することによつて得られたことを下のやうに述べて居る——『人の義とせらるるは律法の行為に由らず、唯だキリスト・イエスを信ずる信仰に由るを知りて、キリスト・イエスを信じたり。これ律法に由らず、キリストを信ずる信仰によりて義とせられんためなり。律法の行為に由りては、義とせらるる者一人だもなし。』

または之を親鸞上人に見よ。末灯鈔《まつとうせう》に下のやうに書かれて居る——『如来の御誓ひなれば、他力には義なきを義とすと聖人の仰《おほ》せ言にてありき。義といふことは、はからう言葉なり。行者のはからひは自力なれば、義といふなり。他力は本願を信楽《しんげう》して往生必定なる故に、さらに義は無しとなり。然れば我身の悪ければ如何でか如来迎へ給はむと思ふべからず。凡夫はもとより煩悩具足したる故に、悪きものと思ふべし。またわが心善ければ往生すべしと思ふべからず。自力の御はからひにては、真実の報土に生るべからざるなり。』唯だ弥陀の本願だけを信じて浄土に往生し得るとする親鸞の経験と、キリストを信じてのみ天国に入り得るとするポーロの経験との間には、一髪を容れる隙もない。而《しか》も信仰によつて義とせらるといふのも、無義の義といふのも、決して道徳を否定するものでない。唯だ宗教は道徳と違ひ、自己の努力によつて得らるべくもないことを高調するだけである。道徳は『我意』による精進であるが、宗教は『御意』による生活である。善かれ悪かれ『我意』を去らねば絶対者と一体になることが出来ぬ。それは努力によつては不可能で、必ず無条件の従順即ち信仰によらねばならぬ。

私は人間が無私無我になり尽した時に、其人の心に現前し来るものは、君父神仏其他一切を超越せる絶対者だと言つた。私は此事を一層詳しく説明するために親鸞上人の唯《ゆい》信鈔文意《しんせうもんい》から数節を引用する。私のいふ『絶対者』は、上人の『法性法身としての仏』である。鈔に曰く『仏について二種の法身まします。一には法性法身と申す。二には方便法身と申す。法性法身と申すは、色もなし、形もましまさず。然れば心も及ばず、言葉も絶えたり。この一如より形を現して方便法身と申す。その御姿に法蔵比丘《びく》と名乗り給ひて、四十八の大誓願を起し現はし給ふなり。』法蔵比丘《びく》即ち阿弥陀如来は、『形を現はし、御名を示して、衆生に知らしめ給ふ。』ために顕現《けげん》した方便法身であるが、然らば法性法身そのものは何であるか。鈔に曰く『涅槃《ねはん》をば滅度といふ、無為といふ、安楽といふ、常楽といふ、実相といふ、法身といふ、法性といふ、真如といふ、一如といふ、仏性といふ、仏性即ち如来なり。この如来、微塵世界にみちみちてまします。即ち一切群生海の心に満ち給へるなり。草木国土みな成仏すと説けり。この一切有情の心に、方便法身の誓願を信楽《しんげう》するが故に、この信心即ち仏性なり。この仏性即ち法性なり、法性即ち法身なり。』

之を一言で尽せば法性法身とは信心そのもののことである。絶対者は涅槃《ねはん》・真如・仏性・如来など、いろいろな名前を以て呼ばれて居るが、その具体的表現たる『方便法身』を信じて之と一体になれば、人間の心そのものが直ちに絶対者となる。即ち信心が客観化された神仏をも超えて純一無雑の主観となれば、その純主観が直ちに純客観であり、茲《ここ》に宗教の絶対境が現れる。かかる心もまた固《もと》より色もなく形もなく、心も及ばず言葉も及ばぬものであるから、上人は之を『不可思議・不可称・不可説の信楽《しんげう》』と言つた。異なる方便法身を信心の対象とするために、いろいろな既成宗教が生れる。キリストを方便法身とする基督教《キリスト》、阿弥陀如来を方便法身とする浄土教、マホメットを方便法身とするイスラーム教等々がそれである。此等の宗教は皆な自教の方便法身を唯一無上のものとして互に対立して居るが、不可思議の信楽《しんげう》に二つある道理はないから、真実の信者が経験する心境は、平等一味の筈《はず》である。

それのみならず親鸞上人が、法身は微塵世界に充満し、一切衆生の心に充満し、草木国土みな成仏すと言つて居るやうに、宇宙の生命は、宇宙の各部・各員・各個に平等に流れて居るから、一事一物、悉く《ことごと》吾々のための方便法身たり得ぬものはない。一切は仏道の縁である。小川芋銭《うせん》の手紙の一節に『昨夜楼上より東方に立てる鉾《ほこ》杉の上にかかる寒月の光を望み、思はず一種の法悦を感じ、合掌いたし申《まうし》候』とある。寒月を望んで合掌する心は、阿弥陀如来や観世音菩薩に合掌する心である。キリストが野の百合を見てソロモンの栄華に優るを嘆美し、一羽の鳥も神の力によらずば地に落ちぬことを驚異した時、それは直ちにエホバを嘆美し驚異したのである。一樹の蔭に宿り、一河の流に掬《く》んで、唯ならぬ因縁を感ずる時、咲く花を楽しみ、散る花を悲しむ時、森羅万象《しんらばんしやう》の孰《いづ》れに対してでもあれ、之を敬畏《けいゐ》し讃美し感謝する心の湧く時、其人は既に宗教的境地に居るのである。それは斯様な心の起ることとは、其人の生命が天地の生命と通じ、天地と一体になつて居ることを示すからである。程明道は『天地の間、唯だ感と応とあるのみ、また何事かあらん』と言つた。而《しか》も敬虔《けいけん》即ち誠なくして此の感応はない。これシュライエルマッヘルが敬虔即ち誠を以て宗教の本質とした所以《ゆゑん》である。私は一般に宗教とは縁遠いものと誤解されて居る日本の儒者のうちにも、実は真実の宗教者が多かつたことを示す一例として、室鳩巣《むろきうさう》の『駿台雑話』の中から下の一節を引く――

『神は耳目を藉《か》らず、思慮に渉らず、真直に感じ、真直に応ず。是れ二つなく三つなき唯だ一つの誠より得たる徳と知るべし。されば天地の間に極めて耳とく、目はやきものありて、時をも分かず所去りもせず、（時間、空間を超越してといふ意味）有りのままに現在し、端的に往来し、あらゆる物の体となりて、両間にみちわたりてあれど、もとより形もなく影もなければ、人の見聞には及ばずして、唯だ誠あれば感じ、感ずれば応ず。誠なければ感ぜず、感ぜざれば応ぜず。応ずれば忽《たちま》ち有り、応ぜねばおのづから無し。これ天地の妙用に非ずや。中庸に〈之を見て見えず、之を聴いて聞えず、物に体して遺すべからず〉と言へるは此事なり。昔西行法師、伊勢の神祠に詣でてよめる歌に「何事のおはしますかは知らねども、忝《かたじけ》なさに涙こぼるる。」とあり。何事のおはしますとも知らずして忝《かたじけ》なきは、何事によるや、涙は何故にこぼるるや。是れ誠の感応にあらずして何ぞ。神前にて其の心他念なく、一筋に誠なれば、神もその誠のなりに来格して、かたみに感動するほどに、涙もこぼれつべし。たとへば清く澄める水には、其まま月の映りて、互に光を増すが如し。久しくなれば一ツ誠に渾融して、神と人とを分かず、例へば水や空、空や水、一つに通ひて澄めるが如し。ここに至ては洋々乎《こ》として其の上に在るが如く、其の左右に在るが如くなるべし。是れ神の現はるるなり、誠の蔽《おほ》ふべからざるなり。さりとて神を遠き事とな思ひ給ひそ。唯だ吾心に求め給へ。如何と言へば心は神明の舎なり。一毫も私欲の障《さは》りなければ、自ら天地の神明と感じて、かく著しきぞかし。』

神を遠くに求めるな、唯だ吾心に之を求めよといふ日本の儒者の宗教的経験が、基督《キリスト》教の最も敬虔なる神父のそれと全く符節《ふせつ》を合せて居ることは、聖アウグスティヌスの下の言葉によつて知られる――『総て存在するものは皆な汝を宿す。若《も》し汝わが衷《うち》になくば、吾は在るを得ない。汝は吾衷に在る。然るを吾は迷へる羊の如く、外に汝を求めて彷徨《はうくわう》した。吾は汝を求めて世界の諸市・諸処を馳駆した。されど求めて誤れるが故に、汝のいます所に到り得なかつた。吾は汝が吾衷《うち》にあるを外に求め、近くにあるを遠くに求めた。』

　生命の本原は唯一無上の絶対者である。絶対者であるから形体がない。若《も》し形体ありとすれば、それは相対有限のものとなる。形体がないから之を知覚することも認識することも出来ない。唯だ誠を以て之を念ずる心に、唯一無上が直観されるのである。唯一無上と信じて、身も心も之に傾け尽すところに神が現れる。親鸞上人が『信心即ち法身なり。』と言ひ、アンゲルス・シレジウスが『吾は我たる以前に神裡の神であつたから、無我になれば復《ま》た神となる。』と言つたのは此の意味である。それ故に親を唯一無上と奉ずる孝子の心にも神が宿り、君を唯一無上と奉ずる忠臣の心にも神が宿る。いや、森羅万象の何にてもあれ、之を唯一無上と奉ずる心には皆な神が宿る。心を外にして何処に求めても神は居らない。従つて宗教の絶対性は信心といふ主観に在る。宗教の主眼は何を信心するかではなく、如何に信心するかである。宗教の価値を定めるのは信心の純不純でつり（ママ）、信心の対象が宗教の高下を測る物尺とはならない。これは道徳の場合も同然で、世界のために尽すは一国のために尽すよりも善、一国のために尽すは一家のために尽すよりも善といふやうなことはあり得ない。結果の大小、範囲の広狭は、決して善悪の本質を増減するものでない。善悪そのものには大小も高下もない。興世王《こうせいわう》が平将門に向つて、一国を取るも罪、数国を取るも罪、如かず関八州を併せんにはと説いたのは、間違ひなく真実である。同様に設《たと》ひ世界人類のために尽すと標榜したところで、若《も》し心術正しからず、信実足らざるに於ては、その天下に貢献するところ、一人の孝子や貞女に及ぶべくもない。

総ての流れが、末は遂に大海に注ぐやうに、何を信心の対象とするにせよ、若《も》し其の信心が無垢純一でありさへすれば、人は之によつて無限の生命に連ることが出来る。無限に連ることは、時空因果《じくういんぐわ》の束縛を免れ、差別相対の世界を離れることである。それ故に宗教の天地には是非善悪なく、吉凶禍福なく、柳緑花紅、唯だ在るが儘《まま》に在ればよい。この安楽の境地は不可思議の境地である。此の不可思議の体験が取りも直さず宗教である。

不可思議は屡々《しばしば》不可解と混同される。併《しか》し此等の二つは全く別個の消息を伝へるものである。不可解とは有限の世界での取沙汰であり、本来理解せらるべき事柄ではあるが、尚未だ理解されて居らぬといふ意味である。それは理性の分野に属し、認識の対象たり得る事柄であるから、やがては理解され解決されるであらう。然るに不可思議とは、認識の対象とならぬもの、理性の分野に属せぬもの、従つて如何に理性を働かせても解決されぬものといふ意味である。従つて此の不可思議は、大乗起信論を借りて言へば、従本《もとより》已来《このかた》、言説の相を離れ、名字の相を離れ、心縁の相を離れて居るから、理性による思慮分別を発表するための言語があり、言語を記載するための文字があるけれど、之によつて不可思議を説明し去ることは出来ない。さればこそ言ふ者は知らず、知る者は言はずとされるのである。

それにも拘《かかは》らず斯《か》かる宗教的境地を体験した人々は、他人をも此の安楽の門に入らしめたいといふ悲願に動かされて、設《たと》ひ不十分とは知りながらも、言語文字を借りて其の体験せる不可思議の消息を伝へようとする。例へば禅宗の如き、真向から不立文字《ふりふもんじ》を力説し、特に之を以て自家の面目と標榜して居るに拘《かかは》らず、尚且《か》つ数へるに遑《いとま》なき語録や偈頌《げじゆ》が書かれて居る。従つて多分に哲学的要素を加味せる華厳・天台・三論などの諸宗が、汗牛充棟《かんぎうじゆうとう》の経論によつて宗旨を述べるに努めたことは怪しむに足らない。そして総て其等の文献は、不可思議なる宗教的境地を彷彿させようとするものであるから、その説明は常に思惟《しゐ》の法則を無視した表現を用ゐるか、又は消極否定の表現に訴へて居る。この表現の矛盾は、宗教が非理性的又は超理性的だからである。

いま私は斯様《かやう》な矛盾を示す二三《にさん》の例を挙げて見よう。基督《キリスト》によれば、義の神としてのエホバは、人間が律法の唯だ一つを犯しても、必ず之を地獄に投入れる神である。律法とは旧約に記された煩瑣《はんさ》極まる掟で、一々之を守ることさへ容易でないのに、基督《キリスト》は設《たと》ひ実際に掟《おきて》を破らずとも、律法に背く心を抱くだけで既に破戒と同罪であると教へた。『この人に告げて姦淫すること勿《なか》れと言へることあるは汝等が聞きし所なり。されどわれ汝等に告げん、凡そ女を見て色情を起す者は、中心（ママ）既に姦淫したるなり。』妻以外の異性に対して、心中僅《わずか》に色情を動かせば、既に姦淫罪を犯せるものとして、全身を地獄に投入れられねばならぬ。この煩瑣《はんさ》にして深刻なる律法と、厳厲《げんれい》にして明察なる義の神の審判とを以てすれば、地獄は万人必定の行手でなければならなぬ（ママ）。然るにエホバは義の神であると同時に愛の神であり、若《も》し人間が悔《くい》改めさへすれば、罪といふ罪を悉《ことごと》く赦《ゆる》して天国に入らしめるのである。『一人の罪ある人悔《くい》改めなば、悔《くい》改むるに及ばざる九十九の義人よりは尚天に於て喜《よろこび》あらん。』同時に義であり且《か》つ愛であることは、全く矛盾せるものを同時に容れて居ることである。如何にして左様なことが可能であるかは、人間の思慮分別の及ぶところでない。それ故に基督《キリスト》は『これ人の能はざる所なり、されど神には能はざる所なし』として、唯だ之を神の不可思議とした。後にポーロに至りて、それは基督《キリスト》が十字架上の死によつて吾々の罪を贖《あがな》つてくれたからだとしたが、矛盾は依然として矛盾である。

同様の矛盾を吾々は仏教にも見る。仏教のうちで最も基督《キリスト》に類似するものは浄土門の諸宗であるが、日本浄土教が等しく祖師と仰ぐ善導大師は、信仰を『深心』と名づけ、深心に二種ありとした。即ち一は自分は曠初《くわうしよ》巳来《みらい》（巳来＝いらい）罪悪生死の凡夫で絶対に救はれる望みのないことを決定して深く信ずること、他は弥陀の願力に乗ずれば必ず救はれて浄土に入ることを決定して深く信ずることである。決して救はれない此身が必ず救はれるといふことは、明々白々に矛盾した言分であるが、この矛盾せる二つを同時に信ずるのが浄土教である。そして此事は浄土教とは対蹠的《たいしよてき》ともいふべき禅宗に於ても同様である。現に道元禅師は、一方では『造悪の者は堕ち、修善の者は陞《のぼ》る。』として、秋霜烈日の道徳的精進を力説しながら、他方では仏祖の慈悲を高調して、誠心を専らにして前仏に懺悔すれば、重きを転じて軽受せしめ、また滅罪清浄ならしむと教へて居る。基督《キリスト》の十字架によるにせよ、弥陀の本願によるにせよ、乃至《ないし》諸仏の慈悲によるにせよ、その功徳によつて吾々の罪悪が消滅するといふことは、道徳的には断じて不可能の沙汰である。自分の行為に対する責任は、必ず自分自身が之を負はねばならぬ。自業自得は、侵すべからざる倫理的因果律である。さればこそ道元禅師も『若《も》し因果亡じて虚《むな》しからんが如くば、諸仏の出世あるべからず、祖師の西来あるべからず。』とまで言つて居る。

他人が薬を服《の》んでも、私の病気は治らない。他人が書物を読んでも、私は学者にならない。他人が修養を積んでも、私は君子にならない。然るに宗教は、設《たと》ひ極悪の罪人でも、懺悔《ざんげ》又は念仏さへすれば、基督《キリスト》や弥陀や諸仏の果報を其身に受けて、忽《たちま》ち天国に上り浄土に入ることが出来るといふのであるから、生理的・心理的・倫理的の因果律を、一挙にして蹂躙《じうりん》し去るものとせねばならぬ。

三論宗の大成者嘉祥大師は『相即《さう□つ》《そく》（ルビ一字不明）を談ぜざれば大乗に非ず。』と言つた。相即とは平等即差別・一即多・静即動・色則《（ママ）》是空・空即是色などと、全く相容れざる反対の両者を、そつくり其儘《まま》にて同一なりとするものである。差別とは平等でないこと、平等とは差別でないことを言ふ。一でないものを多と言ひ、多でないものを一と言う。静と動、空と色との関係また同然である。然るに此等の氷炭相容れざる両辺を全然同一のものとすることは、初めから論理学の謂《い》はゆる矛盾律を無視するものである。それは三論宗の如き仏教の真理を哲学的に取扱ふ諸宗に於て然るだけでなく、不立文字《ふりふもんじ》の禅宗でさへ、言語を弄する場合になれば、『桃季（桃李）は火中に開き、黄昏に日出づ。』だの、『南面して北斗を見、対面して千里を隔つ。』などと、白を黒、鷺《さぎ》を鴉《からす》といふやうな矛盾せる表現を常用する。

かやうな非論理的表現は、宗教的文献の特徴であり、吾々はその矛盾を如実に味識し体得することに努めねばならぬ。若《も》し之を理性によつて解釈しようと努め、矛盾を合理化するために哲学的葛藤に浮身を窶《やつ》す人ありとすれば、其人は不思議を不可解と混同したもので、設《たと》ひその努力によつて論理的矛盾を除き得たとしても、そのために却《かへ》つて宗教的面目を塗りつぶすことになるであらう。吾々は基督《キリスト》教の神学者や仏教の学僧の間に、斯様《かやう》な閑葛藤《かんかつとう》に従事する人の少なくないことを知つて居る。

宗教とは無限の生命に連ることである。無限の生命は両親を通して吾々に流れ入るのであるから、両親の生命に帰一することが取りも直さず宗教である。それ故に私は母親を念じて一生を安楽に生きて来た。併《しか》し繰《くり》返し〲述べたやうに、一切は仏道の縁であり、一枚の樹葉も一釈迦、一本の鬚《ひげ》も一弥勤（弥勒の誤植か）、古松は般若を談じ、幽鳥は真如を語つて居る。人は其事の何たると、其物の何たるとを問はず、之に向つて誠を尽すことによつて無限に連ることが出来る。誠を尽すとは幼児の心に復《かへ》ることである。幼児の心とは己れを忘れ果てて他事なく余念なく親の懐に安らう心である。観音経には、観世音菩薩が衆生を得度するために、現に三十三の相を此世に現して居ると教へて居る。三十三とは無数の意味であるから、観世音菩薩は随時随処に居るわけである。それ故に若《も》し幼児が其親を慕ふ心に復《かへ》りて観世音菩薩を念じさへすれば、菩薩は立《たち》どころに其人の心に現れるであらう。『試みに枝頭の雪を揺《うご》かせ、定めし夜来の花あらん。』安楽の門は常に開かれて居る。之に入ることは枝頭の雪を払つて梅花を賞でると同じく容易である。

人間は何《ど》うすれば安楽に暮らせるか。曰く、常に開かれて居る安楽の門に入ることである。

附録　大川周明について

＊以下は参考資料として、大塚健洋著『大川周明』（中公新書版）の記述などに依り大川周明の生涯を素描したものである。

一八八六（明治十九）年十二月六日、山形県飽海郡荒瀬郷藤塚村に生まれる。父は周賢、母は多代女。大川家は代々医師を家業とし、父は眼科医であった。子供のころから長身であったが、成人しての体格は身長一七九センチほどで、体重は六四キロほどであったと伝えられている。

荘内中学校時代には、家業の継承という父の期待に反して、教育者となることをめざし、勘当同然となったという。中学三年の時より鶴岡天主公教会のマトン神父からフランス語を学んだ。また中学生にして『週刊平民新聞』を購読していた。

一九〇四（明治三十七）年、三月に荘内中学を卒業し、東京で受験勉強ののち九月に熊本の第五高等学校第一部文科に入学。同校では『週刊平民新聞』の影響強い社会主義者として名を知られたという。

一九〇七（明治四十）年、七月に五高を卒業、九月に東京帝国大学文科大学へ進学、宗教学科で学んだ。大学での勉強と並行して、松村介石の日本教会（儒教とキリスト教の混淆宗教）に関わり、機関誌『道』の編集を手伝うなどし、同誌に論文も載せた。同会には、その後一九一〇（明治四十三）年になって正式に入会。なお同会の思想的展開がキリスト教の教義と相容れなくなったところで、同会は「道会」と改称した。

一九一一（明治四十四）年、七月、東京帝国大学文科大学を卒業（宗教学専攻）。卒業論文は「竜樹研究序論」と題するものであった。卒業後は中学校の英語教師をしながら大学の図書館に通いつめて宗教学研究、特にイスラームの研究に努めたという。なお、大川は晩年にはコーランの翻訳もしているが、ハディースの翻訳を『道』第七五～七七号に寄稿していた。参謀本部のドイツ語翻訳などで生活費を稼ぎながら宗教の学問を深める生活であった。

一九一二（明治四十五）年、松村介石の依頼で歴代天皇の伝記編集の仕事に携わるが、その過程で日本史への関心を高め、日本精神に覚醒することとなり、また、一九一三（大正二）年にはヘンリー・コットンの『新インド』（New India or India in Transition）を読んでイギリス統治下のインドの惨状を知り、西洋植民地主義が引き起こしてきたアジア問題にも覚醒した。そしてインド人の革命家たちと接触するようになり、一九一五（大正四）年には、日本に逃れてきたインド人の独立運動家グプタと出会い、イギリス政府の要請による日本退去命令を受けて追い詰められていたグプタを保護した。一九一六（大正五）年、ノーベル文学賞受賞者タゴールの来日に際しては『印度に於ける国民的運動の現状及び其の由来』を出版し、当代インドの状況の紹介につとめ、また全亜細亜会を結成してインド独立運動を支援した。

一九一八（大正七）年、イスラーム研究や植民政策に関する研究を認められ、満鉄東亜経済調査局に入る。翌年、東亜経済調査局の正式の職員となって編輯課長となる。研究テーマとして「特許会社の研究」を選び、その成果である論文「特許植民会社制度の研究」で一九二六（大正十五）年に法学博士の学位を取得している（審査員は吉野作造、河津暹、松波仁一郎）。同書はその翌年に出版された。

一九一八（大正七）年、満川亀太郎らの老壮会に参加。同会は老若男女、政治的立場も様々な人たちの座談の集まりといったものであったが、同会に属する急進派により、一九一九（大正八）年、猶存社《ゆうぞんしゃ》が結成され、大川もこれに参加した。実践的な改造案を欠き、それを求めていた猶存社は、その点において頼れる人物は北一輝であると考え、大川が猶存社を代表して上海にいる北一輝を訪ねたところ、折から「国家改造案原理大綱」を執筆中の北と大いに意見が一致し、北は帰国して猶存社に加入することとなった。猶存社は機関誌『雄叫び』を発行。

一九一九（大正八）年から一年ほどポール・リシャール夫妻と同居生活。ポール・リシャールには一九一六

（大正五）年に出会っている。哲学的詩人とでも言うべきフランス人のリシャールは、西洋文明の行き詰まりを警告し、新たな精神文化の創造を志していた。リシャールの妻は、トルコ人銀行家の娘ミラ・アルファッサである。リシャール夫妻は当初日本に数ヶ月の滞在予定で来日したが、日本に魅力を感じて、その滞在は四年に及んだという。リシャールは大川の依頼で『告日本国』を創作し、大川は同書をはじめ、リシャールの著作を翻訳出版した。

一九二〇（大正九）年、拓殖大学教授となる。

一九二二（大正十一）年、『復興亜細亜の諸問題』を出版。同書は大川のアジア問題に関する主著と目されている。

一九二三（大正十二）年、新生ソヴィエト・ロシア承認交渉のためにヨッフェが後藤新平の招きで来日するが、このヨッフェ来日をめぐって、ソヴィエト・ロシアの承認要求を非とする北一輝と、これを是とする大川・満川の間に亀裂が深まり、猶存社は解散するに至った。

一九二五（大正十四）年、行地社を結成。行地社は国家改造の実行機関ではなく、有識者層の啓蒙を志向した結社で、「維新日本の建設、国民的理想の確立、精神生活における自由の実現、政治生活における平等の実現、経済生活における友愛の実現、有色民族の解放、世界の道義的統一」を綱領としていた。機関誌として『月刊日本』を発行。

　この年、安田共済事件で北一輝と決定的に袂を分かつこととなった。この頃から軍との接触が深まるようになる。この年に広瀬兼子と結婚。

一九二九（昭和四）年、財団法人東亜経済調査局理事長となる。

一九三〇（昭和五）年、軍に対する働きかけがさらに深まり、陸軍大学校での日本精神研究講義や、海軍大学校ほか各地の海軍施設を巡っての講演活動を行なった。折しもロンドン海軍軍縮条約を受けて軍部内に国家改造の機運が高まっている時期であった。

一九三一（昭和六）年、参謀本部ロシア班長橋本欣五郎らとクーデターを企てる（三月事件と十月事件の二度）。

一九三二（昭和七）年、国家改造の実行団体神武会を結成するが、ほどなく五・一五事件により逮捕される。一九三四（昭和九）年の東京地裁、東京控訴院判決を経て、一九三五（昭和十）年の大審院判決で禁錮五年の刑が確定し、一九三六（昭和十一）年六月、下獄。獄中で『近世欧羅巴植民史（一）』の執筆を完成、同書は一九四一（昭和十六）年に出版。

一九三七（昭和十二）年十月、釈放運動が功を奏して仮出所。

一九三八（昭和十三）年、法政大学大陸部長となる。また、東亜経済調査局付属研究所（大川塾）を開設して所長となる。この研究所は南アジア地域の専門家養成のために全国から青年を選抜し全寮制の教育を行なうものであった。この年から、日中戦争終結のための対米工作を行なうが、結局失敗に終る。

一九三九（昭和十四）年、『日本二千六百年史』を出版。同書はベストセラーとなるとともに不敬問題を惹起し、多くの箇所で改訂を余儀なくされた。

一九四一（昭和十六）年、太平洋戦争開戦をうけて、「米英東亜侵略史」の連続ラジオ講演を行ない、翌年出版。

一九四二（昭和十七）年、『回教概論』を出版。

一九四三（昭和十八）年、『大東亜秩序建設』を出版し、「大東亜」の範囲を示すとともに「大東亜秩序」の歴史的根拠を示した。

一九四五（昭和二十）年、A級戦犯容疑で逮捕。思想犯と見なされて尋問を受け、「日本軍国主義のブレイン・トラスト」と報告され、極東国際軍事裁判の被告に選ばれた。

一九四六（昭和二十一）年、極東国際軍事裁判A級戦犯容疑者二十八名のうちただ一人の民間人として第一回公判廷に出るが、その姿はパジャマに下駄履き、起訴状朗読中に鼻水を垂らして合掌したり、パジャマの胸元をはだけるなどし、ついには東条英機の頭を叩《はた》くという異常行動のため、精神鑑定を要するとして退廷を命じられ、入院させられた（脳梅毒によるその症状は開廷の前から現れていた）。翌年、医学上の鑑定書に基づき、裁判所は大川を裁判から除外した。その時期の大川の日記には「ちやんと予が自ら弁護する能力のあることを認めて居るのに、裁判長は医師の診断によつて除外すると言つて居るのだ」との記載がある。医学上の鑑定では、身心の健康状態は著しく改善しているものの未だ幻覚や妄想症状は残っており、裁判上の諸能力を欠いているとされた。入院中に三十年来の宿願であったコーランの翻訳を完成させ、のち一九五〇（昭和二十五）年に『古蘭』として出版した。

一九四八（昭和二十三）年十一月十二日、極東国際軍事裁判の最終判決が下され、十二月二十三日、七名の死刑執行。大川は起訴の理由なしとのことで釈放となり退院した。

一九五一（昭和二十六）年、『安楽の門』を出版。敗戦後の大川の歴史認識は、「天照開闢の道」と題した文章（書肆心水刊行『敗戦後』所収）に見られるように、「『大日本帝国』は亡んだけれど、日本民族は滅びない。吾々は神武建国以前に溯り、天照開闢の本原に復帰して建国の第一歩を踏み出さねばならぬ。」「吾々はこの独立せる精神により、万世に太平を開くための具体的理想を確立して、新しい瑞穂国建立の土台固めを、先ず日本の農村に築き上げたい。私は天照開闢の道から再出発することが、日本再建の最も正しい且つ最も効果的な道であると信ずる」というものであった。国家の土台である衣食住をしっかりとしたものにするためには農村復興から始めなければならないという考えで、一九五三（昭和二十八）年から農村再建を期した行脚を始め、山形、福島、宮城、山梨、群馬、岩手、長野、茨城、新潟、千葉の各県を巡って農法の改善に努めた。

一九五七（昭和三十二）年、老体で農村行脚の無理を重ねるうち、三月頃にはほとんど失明状態となる。気管支炎が悪化し病床に就き、十二月二十四日、心臓衰弱のため、神奈川県愛甲郡愛川町中津の自宅にて死去。

（作成・書肆心水）

大川周明（おおかわ・しゅうめい）

1886年生、1957年歿。東京帝国大学文科大学卒業（宗教学専攻）。インド学を深める過程で当代インドの政治的悲惨を知り、復興アジアの問題に目醒め、また日本史研究を通して日本精神の復興という課題にも目醒めた。インドの亡命志士を保護支援し、『印度に於ける国民的運動の現状及び其の由来』の著作をなした。1918年、満鉄東亜経済調査局入局。のち拓殖大学教授兼任。猶存社、行地社を結成し国家改造運動を展開。『特許植民会社制度の研究』で法学博士の学位取得。1929年、東亜経済調査局理事長。1931年、参謀本部ロシア班長橋本欣五郎らとクーデタ計画（未遂）。神武会を結成し合法的大衆運動を組織。1932年、5.15事件で逮捕。敗戦後、戦争犯罪容疑者として逮捕され極東国際軍事裁判のＡ級戦犯容疑者として起訴されたが、法廷での発狂行動により入院、不起訴処分となった。最晩年は農村再建を期して行脚を行ない、農法の改善に努めた。著作は多数あり、上記以外の主なものに、『復興亜細亜の諸問題』『日本二千六百年史』『近世欧羅巴植民史』『回教概論』『古蘭（翻訳）』『安楽の門』がある。

安楽の門

刊　行　2015年12月
著　者　大川 周明
刊行者　清 藤　洋
刊行所　書 肆 心 水

135-0016 東京都江東区東陽 6-2-27-1308
www.shoshi-shinsui.com
電話 03-6677-0101

ISBN978-4-906917-49-5 C0014

乱丁落丁本は恐縮ですが刊行所宛ご送付下さい
送料刊行所負担にて早急にお取り替え致します